글쓴이 애드볼리 리치먼드(Advolly Richmond)

원예가이며 작가, 방송인인 애드볼리 리치먼드는 정원을 단순한 원예의 공간이 아니라 사회적·정치적·경제적 흐름을 반영하는 문화적 공간으로 바라보며 연구와 집필을 이어가고 있다. 브리스틀 대학교(University of Bristol)에서 정원 역사학 석사(MA)를 취득했으며, 영국 왕립 원예협회(Royal Horticultural Society, RHS)회원이다. 2019년부터 BBC의 대표 원예 프로그램 '가드너스 월드(Gardeners' World)'에 출연해 식물과 정원에 얽힌 역사적·문화적 이야기를 전하고 있으며, BBC 라디오 4의 '가드너스 퀘스천 타임(Gardeners' Question Time)'에도 식물 역사 진문가로 침여하고 있다. 개인 정원에서는 장미와 1900년 이전의 헤리티지 수선화(heritage daffodil), 설강화(snowdrop)를 중심으로 한 식물 컬렉션을 가꾸고 있다.

그린이 세라 제인 험프리(Sarah Jane Humphrey)

영국을 대표하는 식물·자연사 일러스트레이터이자 화가. 정밀한 자연관찰을 바탕으로 한 2023년 해초 그림 컬렉션을 통해 영국 왕립원예협회 금메달을 수상했으며, 현재까지 총 4회의 왕립원예협회 메달을 받았다. 큐 왕립 식물원과 에덴 프로젝트를 비롯해 조 말론, 해롯 등과 협업하며 과학과 예술의 경계를 넘나드는 작업을 이어가고 있다.

나의 부모님 로드웰(1944-2023)과

줄리엣 두브께 바칩니다

FLOWERS

꽃의 시간

BBC 정원 역사가가 들려주는 꽃의 사연과 세밀화

애드볼리 리치먼드 글 · 세라 제인 험프리 그림 · 김아림 옮김

노르웨이숲

역사가 있어 더 즐거운 정원 이야기

오경아(작가, 가든 디자이너)

이 책의 저자 애드볼리 리치먼드는 정원, 식물 역사 전문가다. 우리나라에서는 쉽게 접하기 어렵지만 영국에서 정원 공부를 한 나로서는 이 분야를 잘 알고 있다. 책의 내용은 우리가 정원에서 흔히 보는 식물이 어떻게 우리에게까지 오게 되었는지를(영국 기준이긴 하지만) 역사적 맥락으로 알기 쉽게 말해준다. 나는 그녀를 영국 BBC에서 방영하는 '가드너스 월드(Gardener's world)'를 통해 본 적이 있다. 또랑또랑한 영국 악센트로 식물을 설명하는 그녀의 말투가 글에서도 그대로 느껴지는 게 신기했다.

이 책 속의 식물은 낯설지 않을 가능성이 높다. 왜냐하면 이미 우리나라에도 많이 보급이 되었고, 누군가의 집에선 화단에 자리를 잡고 있는 식물들이 대부분이기 때문이다. 자칫 식물도감을 떠올린다면 딱딱하고 학문적이지 않을까 싶겠지만, 책의 내용은 전혀 그렇지 않다. 대체 이 식물은 어디에서 어떤 사연으로 우리에게 왔고, 그래서 그 다음 어떻게 되었을까, 이렇게 마치 드라마 속의 캐릭터 하나하나에 대한 궁금증을 풀어주는 그런 느낌의 책이다. 사실 나는 이것이 정원을 시작하는 첫 번째 발걸음이라는 것을 잘 안다.

적어도 영국의 정원 문화는 '가드닝'이라는 매일의 일상 속에 식물을 가까이 하는 관습에서 출발했다. 그 시작은 18세기였다. 물론 제국주의, 식민지 침략이라는 어두운 면이 그 이면에 자리하지만, 영국으로 밀려든 아메리카, 호주, 아프리카 등지의 새로운 식물은 영국 사회 전체를 들썩일 만큼 큰 이슈를 만들어냈다. 왕실에서는 새로운 식물을 키우기 위해 온실을 만들고, 야자나무를 키우는 호텔에서 애프터눈 티를 즐기고, 식물 패턴으로 가득 찬 드레스를 만들고, 식물 향신료를 넣은 쿠키를 만들어 먹는 문화로까지 발전하게 된다. 새로운 식물에 대한 호기심과 궁금증이 사회에 넘치며 그 걸 키우고, 자랑하고, 나누는 문화가 이때 정착이 된 셈이다. 그리고 이 문화가 만들어 낸 정원 문화는 지금까지 전 세계 정원 트렌드를 선도하는 중이다. 세계 최대의 정원 축제인 '첼시 꽃 박람회', 정원의 메카인 '왕립 원예 학회'의 정원들, 세계 최대의 식물 박물관 '큐 왕립 식물원'의 연구와 교육 등을 만들어낸 셈이다.

저자 애드볼리 리치먼드의 매우 쉽고 간결한 문장과, 세라 제인 험프리의 식물 그림 은 이 책을 더 즐겁게 읽을 수 있게 한다. 험프리의 그림은 과학적 세밀화와는 좀 다르 다. '보태니컬 아트'라고 말하는데, 식물 자체를 예술적으로 그리는 기법으로 특유의 섬세함과 따뜻함으로 여러 차례 상을 받기도 했다.

식물이 품고 있는 역사는 우리의 삶보다 훨씬 더 길고 깊다. 정원 식물 역사가의 풍부 한 식물에 대한 지식, 역사, 이로 인한 사회의 변화, 그 궁금증을 탐닉할 수 있기를 바란 다. 정원을 좋아하는 사람이라면 누구라도 재미있게 읽을 수 있는 책이지만, 역사, 인문 학을 좋아하는 독자라면 몇 배의 즐거움을 더 찾을 수 있을 것이라고 장담한다.

1. 이 도서에 등장하는 식물의 국명 및 라틴어 학명의 한글 표기는 국가표준식물목록을 기준으로 삼았다.
2. 식물이 현재 국내에 널리 통용되는 일반명이 있거나 글의 내용상 영어 일반명으로 지칭하는 것이 적합한 경우에는 일반명으로 표시했다.
3. 정식 학명과 함께 자주 불리는 다른 이름이 있을 경우 '(이명)'으로 표시했다.

나는 정원과 식물을 다루는 역사가로서, 식물이 사람들의 손에 재배되기 시작한 이래 여러 해에 걸쳐 벌어진 변화를 이해하는 데에는 그 식물에 얽힌 뒷이야기를 탐구하는 일이 도움이 된다는 사실을 깨달았다. 처음 영국에 어떻게 도착했든 간에, 이 책에 실린 여러 꽃의 진정한 기원과 사연은 국경을 넘나드는 건 물론이고 심지어 대륙까지 넘나든다. 이 꽃들의 이야기는 모험과 음모, 도둑질, 더 나아가서는 집착과 표리부동함으로 가득하다. 그런 와중에도 이 꽃들을 찾아 애써 기록으로 남긴 사람들, 가끔은 자기를 희생하면서까지 그렇게 한 사람들 덕에 오늘날 우리네 정원에는 다종다양한 꽃들이 피어 있다.

지난 수천 년 동안 약이나 요리에 사용된 식물들은 전 세계 곳곳에서 재배되었다. 그뿐만 아니라 문화적인 의식에도 멋진 장식용 꽃들이 선별되어 사용되었다. 예컨대 멕시코 '죽은 자의 날'에 쓰이는 아프리칸메리골드가 그렇다(179페이지 참조). 여러 제국이 서고 또 기울면서 식물들은 다른 나라로 운송되었고, 정복자와 식민지 개척자들이 식물을 약탈해 널리 퍼뜨리기도 했다.

수백 년 전부터 극동과 중동 지방에서 재배된 많은 꽃들은 튤립이 그렇듯 아름다운 욕구의 대상으로 서양에 처음 도입되었다. 이 꽃들은 원산지의 야생 식물군에서 선별하고 개량한 결과물이었으며 도입 경로와 시점은 명확하지 않거나 아예 알려지지 않았다.

이렇게 16세기와 19세기 사이에 전 세계 방방곡곡에서 엄청나게 많은 식물 종이 유럽에 속속 도착했다. 헌신적인 식물 수집가들과 자연학자들이 자신의 모국에 새로운 식물을 가능한 한 많이 들여오려고 애썼으며, 그 식물이 경제적으로 효용이 높다고 증명된 경우 특히 그랬다. 그 밖에도 해외에서 근무하는 외교관이나 무역업 종사자들을 비롯해 심지어 이들의 아내나 아이들까지도 오늘날 우리가 공원이나 정원에서 볼 수 있는 꽃들을 채집하고 소개하는 데 적극적으로 참여했다.

하지만 이런 식물이 지구 반대편까지 운송되어 널리 퍼지는 과정에서 원래의 이름은 어떻게 바뀌었을까? 확실히 이들 식물은 고향에서 멀리 떠나와 여행하면 할수록 정체성을 잃었다. 지나치게 따뜻한 유리 온실이나 차갑고 낯선 흙에 심겼고 그러느라 일부는 죽어버렸다. 이 식물들을 친숙한 원래 서식지에서 뽑아낸 당사자나 그들이 존

경하는 동료 과학자들, 식물을 새롭게 들여온 땅을 다스리는 통치자들의 이름이 식물에 붙었다. 빅토리아 여왕도 그런 통치자 중 한 사람이다.

식물의 이름은 정원사들이 당혹스러워할 만큼 자주 바뀌었고 오늘날에도 여전히 그렇다. 그런 만큼 여러분도 이 책에서 식물 이름이 짓궂게도 시간이 지나며 이리저리 바뀐 사연을 만나게 될 것이다. 하지만 내 생각에 그건 결코 그저 정원사를 짜증 나게 하는 과정이 아니다. 그보다는 과학자들이 식물에 대해 점점 더 많은 사실을 알아내는 동안 우리가 참고 견뎌야 할 식물학의 필수적인 발전 과정이다. 그렇다, 금낭화가 바로 그런 예다(107페이지를 보라).

나 자신도 직접 기르고 있는, 평범해 보이는 정원 식물들도 다들 나름의 기원과 유래를 지녔다는 사실을 보여주고자 이 책을 쓰게 되었다. 하지만 내가 소개하려는 이야기와 딱히 관련이 없다면 그 식물에 대해 자세하고 복잡하게 설명하지도 않았고 이름의 유래에 대해 장황하게 늘어놓지도 않았다. 그런 정보쯤은 이 책이 아니더라도 어디서든 쉽게 얻을 수 있기 때문이다. 또 나는 이 책에서 다룰 식물을 선택할 때 우리 주변의 상점이나 전문 묘목장에서 구매할 수 있는 종인지를 확인하려고 애썼다.

이 책에 등장할 꽃들은 여러분에게 꽤 친숙할 것이다. 상당수는 예전부터 사람들이 정원에서 즐겨 가꾸던 식물이다. 일부는 우리가 어린 시절에 부모님이나 조부모, 심지어는 증조부모의 집에서 처음 만난 식물이기도 할 것이다. 휴일이나 신혼여행에 대한 추억과 얽혀 우리에게 오래오래 인상을 남기는 꽃들도 있다. 우리는 그 식물의 고유한 특성이나 향기를 접할 때마다 즉시 소중한 순간으로 이동한다. 그래서인지 정원이란 항상 정겨운 얼굴과 광경들, 향기들로 가득 차 있다고 말한 사람도 있다.

꽃은 우리 사회에서 탄생이나 죽음, 결혼처럼 삶의 이정표가 되는 의식들과 매우 뚜렷하게 이어져 있다. 여러 세기에 걸쳐 꽃은 꽃말이라는 섬세한 메시지와 연결되는 시각적인 상징이었고, 빅토리아 시대의 영국인들은 이 분야에 특히 뛰어난 솜씨를 보였다. 그뿐만 아니라 식물은 언제나 예술과 밀접하게 연결되었다. 예컨대 과학 분야에서는 잡종 교배자들의 놀이터인 삽화에 등장했고 패션 분야에서는 런웨이 무대에 꽃과 그 색이 등장했다.

하지만 우리는 식물들이 어떻게, 그리고 어째서 여기 존재하게 되었는지에 대해 결코 곰곰이 생각하지 않는다. 식물들은 어떤 사연과 뒷이야기를 품고 있을까? 우리는 누구나 자기만의 이야기를 지니고 있으며 식물 역시 그렇다. 나는 이 책에서 흔히 다루어지는 유명한 식물들보다는 정원에서 자라는 잘 알려지지 않은 영웅들을 살피려 했으며, '존이스텀린장미'의 사례처럼(169페이지 참조) 식물들을 새로이 조명하고 최신 정보를 제공하고자 했다.

나는 식물들이 살아가는 세상의 작은 한구석으로 떠나는 이 여정에서 여러분이 식물들을 알아가며 경탄하기를 바란다. 특히 역사적으로 되짚어볼 때 몇몇 식물들의 용도는 여러분을 놀라게 할지도 모른다. 그중 상당수가 지금은 그런 용도와는 다른 장식용으로만 재배되기 때문이다. 우리의 정원에서 아주 흔하게 자라는 식물들은 대부분 예전에는 다양한 질병을 치료하는 약초로 약제서에 등장하곤 했다. 섬세하게 멋들어진 꽃인 니겔라(*Nigella damascena*)가 한때 머릿니의 알인 서캐를 없애는 약으로 쓰였다고(145페이지 참조) 누가 상상이나 할 수 있을까?

한편 어떤 식물에 대해 일반명을 비롯해 특정 지역에서만 쓰이는 국명, 지방명이 복잡하게 혼재하는 상황은 우리에게 식물의 명명법이 얼마나 중요한지 알려준다. 가끔은 일반명 덕분에 그 식물의 원래 용도가 무엇인지 깨닫게 되어 유용하다. 돌부채(*Bergenia crassifolia*)의 영어권 일반명이 '시베리아 차'라는 사실로부터 이 식물이 차를 만드는 데 쓰인다는 걸 알게 되듯이 말이다(27페이지 참조). 식물은 여러분이 전 세계 어느 지역에 거주하는지에 따라 여러 이름으로 불린다.

그동안 식물 수집가, 양묘업자, 식물 육종가, 잡종 재배자들은 호기심으로 가득 차 새로 들어오는 귀중한 식물을 대상으로 이런저런 실험을 했다. 그러는 동안 몇몇 인기 있는 꽃들은 빠르게 바뀌는 최신 유행의 흐름에 휩쓸려 곧 찬밥 신세가 되었다. 상류 사회 사람들이 당장 유행하는 놀라운 식물을 얼른 손에 넣어 온실을 장식하고 뽐내는 데 열심이었기 때문이다.

또 육종가가 인위적으로 만들었든, 자연적인 교배의 결과이든 새로운 식물 잡종은 더 왕성하게 번식하는 경향이 있었고 색깔도 더욱 다양했기 때문에 사람들은 보통 이런 잡종을 키우고자 했다. 그 결과 원래의 종은 인기를 잃으면서 점점 더 구하기 어려워져 전문 묘목장이나 식물원에서만 모습을 드러내곤 한다.

그러는 동안 매리언 크랜(Marion Cran), 거트루드 지킬(Gertrude Jekyll), 클래런스 엘리엇(Clarence Elliott)처럼 독수리 같은 날카로운 눈을 빛내는 원예사들은 사람들에게 알려지지 않은 꽃에 주목해야 한다고 강조했는데, 오래된 옛 정원에도 우리가 새로운 눈으로 재발견해야 할 식물들이 숨어 있기 때문이다. 정원과 그곳의 식물은 계속해서 모습을 바꾸는 만큼 외부의 손길에 취약하다.

오늘날도 마찬가지지만, 예로부터 알려지지 않은 종을 보존하는 가장 좋은 방법은 여러 명의 정원 원예사에게 식물을 나누어주는 것이었다. 그러면 원예사들은 각자의 정원에서 각기 다른 재배법을 적용해 자연스레 식물의 생존 가능성을 높일 방법을 찾아낸다. 이렇게 원예사들 사이에서만 돌아다녔을 뿐 상업적으로 널리 퍼진 적이 없는 식물도 일부 존재한다. 하지만 그러면 원예사가 세상을 떠나고 난 뒤 그 식물의 유래를 기억하는 사람이 전부 사라지기 마련이고 아예 식물 자체가 잊히기도 했다.

새로 도입된 식물 가운데 그렇게 사라지는 종도 있지만, 어떤 종은 지나치게 번성해 기존의 생태계를 심각하게 침입하기도 한다. 유럽만병초(*Rhodendron ponticum*)(163페이지 참조)가 그런 예다. 이 식물은 처음 도입된 직후에 거의 사라질 정도로 취약해서 사람들의 보살핌을 받았지만, 이제는 전국의 사유지 관리자들의 골칫거리로 부상할 만큼 번성했다. 영국에서 1981년에 제정된 야생과 시골 지역에 대한 법안의 별지 서식 9항에 따르면 이제 야생에서 이 식물을 심거나 재배하는 것은 법률 위반이다.

크든 작든, 정원은 나름의 역사로 가득 차 있기에 흥미롭다. 심지어 여러분은 알지도 못하는 사이에 '골동품' 같은 귀한 식물 종을 키우고 있을지도 모른다. 만약 이 책을 읽다가 여러분이 키우고 있는 식물을 하나라도 발견한다면 당장 가서 그 식물을 자세히 들여다보라. 단언컨대 여러분은 그 식물을 예전과는 완전히 다른 관점에서 보게 될 것이다. 우리가 주의를 기울여 살피기만 한다면 야외에서 수많은 식물 이야기를 발견할 수 있다. 이 책은 그런 이야기의 틈새를 채우는 데 도움이 될 것이다.

차례

사랑의 과정에 함께하다
접시꽃

Alcea rosea syn. Althaea rosea

아욱과에 속하는 우아한 접시꽃이 영국에 처음 도입된 것은 에드워드 1세(Edward I, 1239~1308)의 부인인 용감무쌍한 카스티야의 레오노르 왕비(Leonor de Castilla, 1241~1290)와 관련이 있다. 레오노르 왕비가 십자군 전쟁 중에 성지(Holy Land) 예루살렘에서 이 꽃을 가지고 돌아왔다고 전해진다. 이 이야기는 접시꽃의 영미권 일반명인 '홀리혹(hollyhock)'이 어떻게 붙여졌는지 어느 정도 납득케 한다. 종교적인 함축을 가진 'holly(성스러운)'라는 단어에 아욱을 뜻하는 앵글로색슨어인 'hoc'이 합쳐졌다고 생각할 수 있으니 말이다. 또 접시꽃속을 뜻하는 라틴어 학명인 알타이아(*Althaea*)는 치유를 뜻하는 그리스어 단어에서 왔다. 여기서 짐작할 수 있듯 이 꽃에는 수많은 의학적인 효능이 있지만, 그 밖의 상업적인 가치라든가 요리 분야의 쓸모 역시 인정받고 있다.

이후 15세기에 이르러서는 영국의 시골집 정원에서 이 접시꽃을 흔히 볼 수 있게 되었고, 1573년에 중국에서 씨앗이 들어오면서 보다 커다란 겹꽃을 피우는 품종의 특성이 한층 강화되었다. 당시의 이 풍성한 꽃을 보며 약초 재배자이자 작가, 정원사였던 존 제라드(John Gerard, 1545~1612, 91페이지 참조)는 접시꽃을 '별난 장미'라 부르기도 했다.

매년 여름마다 우리에게 즐거움을 주는 접시꽃은 영국의 전형적인 시골집 정원과 떼려야 뗄 수 없는 관계를 맺고 있으며 여러 세기에 걸쳐 예술가들이 매우 좋아하던 소재였다. 예컨대 18세기에 프랑스의 로코코 양식 화가 장오노레 프라고나르(Jean-Honoré Fragonard, 1732~1806)는 '바다 건너편에서 온 장미'라고 불리던 접시꽃의 아름다움을 잘 포착했던 것으로 유명했다. 프라고나르는 장난기와 감각적인 숨은 상징을 담아 꽃이 핀 야외의 목가적인 풍경을 탁월하게 묘사한 화가였다. 사랑을 나누는 사람들의 모습을 미묘한 뉘앙스를 살려 그려내는 뛰어난 솜씨 덕에 프라고나르에게는 수많은 팬이 생겼다. 그 결과 1770년에 프라고나르는 루이 15세의 정부인 뒤바리 백작 부인으로부터 네 점의 큼직한 캔버스 작품을 그려달라는 의뢰를 받았다. 파리에서 약 30킬로미터 떨어진 부인의 루브시엔 저택에 새로 지은 고전적인 스타일의 파빌리온(서양식의 작은 부속 건물-옮긴이)을 장식할 그림이었다.

이 그림들은 통틀어 〈사랑의 과정〉으로 불리며 각각 '쫓아다님', '만남', '화관을 쓴 연인', '연애편지'라는 소제목이 붙었다. 이 작품은 두 젊은 연인의 구애 과정을 묘사하고 있는데 마지막 그림인 '연애편지'에는 접시꽃이 많이 등장한다. 그림을 들여다보면 한 여성이 받침대에 앉아 있고 작은 스패니얼 애완견이 발치에 자리 잡았으며, 한 남성이 여성에게 기대 머리를 연인의 어깨에 올리고 있다. 이 커플은 감미로운 분홍색 접시꽃에 둘러싸였는데 분홍색은 프랑스의 로코코 양식과 매우 관련성이 깊다. 프라고나르는 이 모든 요소를 이용해 조심스럽게 상징성을 쌓아 올린다. 접시꽃의 꽃말이라고 하면 풍부함과 비옥함이지만 그 밖에 신의와 정절도 있다. 그리고 개는 전통적으로 충실함의 상징이다. 이 네 번째 작품은 한 커플의 성숙한 사랑을 표현한 것으로 보이며, 아마도 그들의 사랑을 한층 진전시킨 친밀한 편지를 통해 애정을 되새기는 중일 것이다.

네 점의 그림은 루브시엔 파빌리온에 한동안 걸려 있었는데 어느 날 뒤바리 부인이 무슨 이유 때문인지 그림을 철거해 프라고나르에게 돌려주었

다. 1789년이 되자 프랑스의 구체제는 막을 내리고 곧 혁명이 닥치리라는 요란한 징조가 가득했다. 프라고나르는 가족과 함께 고향인 프랑스 남부의 그라스로 돌아와 사촌의 집인 빌라 모베르에 머물렀다. 루브시엔에 보관되어 있던 네 점의 캔버스 그림은 그라스로 옮겨져 응접실에 걸렸다.

그라스에 거주하는 동안 프라고나르는 〈사랑의 과정〉을 보완하는 열 점의 그림을 추가로 그렸다. 이 가운데는 길쭉하고 얇은 패널에 한가운데가 어두운 색이고 꽃잎이 크림색인 키 큰 접시꽃이 울타리를 장식한 모습을 그린 네 점의 작품이 포함

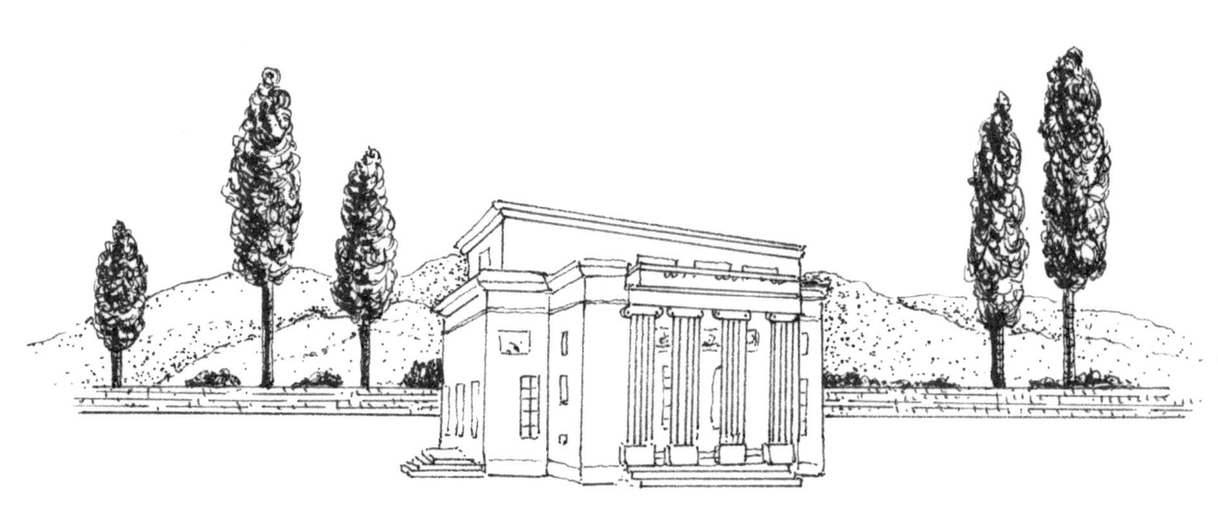

된다. 이런 울타리는 〈화관을 쓴 연인〉에서도 볼 수 있는데 이 작품에서는 울타리가 연인들 뒤편에 무성하게 핀 장미꽃을 받치고 있다. 접시꽃이 그려진 패널과 함께 배치된 열 점의 캔버스 그림은 아마도 루브시엔 파빌리온을 둘러싼 정원의 풍경을 반영해 진열되었을 것이다. 소설가 앨런 홀링허스트(Alan Hollinghurst)에 따르면 프라고나르는 "향기로운 정원을 실내로 들여오는 놀라운 회화적 공간"을 만들고자 애썼다.

프라고나르는 1806년 파리에서 평화롭게 숨을 거뒀다. 그가 남긴 주목할 만한 그림들은 1898년에 가문의 마지막 구성원이 열네 점의 캔버스 원본을 팔기 전까지는(대신 원본의 사본을 만들어 오늘날까지도 저택에 남겨두었다) 대부분 누구에게도 알려지지 않은 채 빌라 모베르에 남아 있었다.

〈사랑의 과정〉 연작을 비롯한 열 점의 관련 작품들은 그라스를 떠나 120년 넘게 전 세계 각기 다른 미술관의 '프라고나르관'에 전시되었다. 그러다 1916년, 이 그림들은 뉴욕의 프릭 컬렉션 미술관에 인수되었다. 하지만 유감스럽게도 당시 접시꽃이 그려진 캔버스 그림 중 세 점은 창고에 보관되었다. 나머지 패널은 새로운 '프라고나르관'의 한구석에 걸렸고 종종 외부에 공개되지 않기도 했다. 그러다 2021년이 되어서야 1세기 만에 창고에 보관되었던 작품들은 밖으로 나와 나머지 그림들과 재회했다.

프릭 컬렉션 미술관의 프라고나르관은 이 작품들이 원래 전시되었던 목가적인 프랑스 정원과는 한참 거리가 멀다. 하지만 그래도 이곳에는 정원이 내려다보이는 커다란 창문이 세 개 있고, 창 너머로 눈길을 던지면 센트럴파크의 수많은 나무가 보인다. 그리고 프라고나르가 오랜 세월 구상했던 것처럼 캔버스 작품 사이에 접시꽃으로 장식된 패널이 경비를 서듯 배열되어 있다. 마침내 〈사랑의 과정〉 연작이 완성된 셈이다.

느긋한 식물
페루백합

Alstroemeria 'Indian summer'

페루백합이라고 불리는 알스트로메리아 '인디언 서머'(*Alstroemeria* 'Indian summer')의 잎은 아주 매혹적인 청동빛 진한 녹색인데, 이 색은 마치 불꽃처럼 노랑, 빨강, 오렌지색을 띠는 꽃과 아름답게 대비된다. 혹시 여러분이 이미 어떤 종이든 알스트로메리아속의 식물을 키우고 있다면 뭔가 특이한 점이 없나 잘 살펴보라. 찾았는가? 그렇다, 잎이 뒤집혀 있다.

알스트로메리아속 식물은 무척 독특한 행동적 특성을 지녔다. 잎자루가 자라면서 180도 뒤틀려 잎을 뒤집기 때문에 원래의 윗면이 사실상 아랫면이 된다. 여러분이 어린잎을 일부러 아래쪽으로 구부린다 해도 그 잎은 두 번 뒤틀려 결국 위아래가 바뀔 것이다. 오랫동안 식물학자들은 이런 행동을 속 시원하게 쉬운 말로 설명하지 못하고 머리를 긁적일 뿐이었다. 식물학에서 이 특징은 '도립(resupination)'이라고 불린다. 이 용어는 똑바로 눕는다는 뜻인 'supine'이란 단어의 어원이기도 한, 라틴어 'resupinus'에 뿌리를 두고 있다.

알스트로메리아라는 속명은 양의 교배에 대해 연구하고자 남유럽을 이리저리 돌아다녔던 스웨덴의 박물학자 클라스 알스트뢰메르 남작(Clas Alströmer, 1736~1794)의 이름에서 비롯했다. 알스트뢰메르는 웁살라 대학에서 칼 폰 린네(Carl von Linné, 157쪽 참조)의 지도를 받던 학생이었다. 후에 알스트뢰메르는 이 학과의 '사도들' 중 한 명이 되었는데,

'사도'란 린네가 전 세계를 여행하며 식물을 조사한 뒤 삽화를 그리고 수집해 표본을 본국으로 돌려보내기 위해 모집한 똑똑한 학생들을 일컫는 말이다. 린네는 그 보상으로 발견된 식물의 속명을 이 학생들의 이름을 따서 지었다.

그러다 1753년, 스페인 남서부 카디스의 스웨덴 영사 자택에서 알스트뢰메르는 남아메리카를 거쳐 스페인에 전래된 페루백합을 우연히 발견했고 이 식물의 통통한 뿌리 여러 개를 린네에게 보냈다. 뿌리에서 싹이 돋자 린네는 그것을 시들지 않게 보존하려고 무척 애를 썼고 자기 침실에 두기까지 했다. 그리고 이 식물에 알스트로메리아 펠레그리나(*Alstroemeria pelegrina*)라는 학명을 붙였다.

이후 여러 해에 걸쳐 남아메리카, 특히 안데스산맥 등지에서 새로운 종이 전해지며 선택적 교배를 하기 위한 재료가 늘었다. 결국 알스트로메리아 '인디언 서머'처럼 눈에 띄는 여러 정원 식물이 탄생했다. '인디언 서머'는 1831년에 칠레에서 도입되어 주변에서 흔히 볼 수 있는 오렌지색 꽃인 알스트로메리아 아우탄티아카(*Alstroemeria autantiaca*)의 한 품종이다.

알스트로메리아속의 여러 종은 꽃병에 꽂아두어도 꽃이 오래가 절화용 식물로 각광받는다. 화훼업계에서는 조금 섬뜩하기는 하지만 '멋지게 느린 죽음을 보여주는 예술'에 적합한 식물로 알려져 있다.

씨앗을 둘러싼 비밀 작전
아네모네

Anemone coronaria

"다양함과 앙증스러움으로 가득한 데다 더할 나위 없이 유쾌하게 즐거움을 주는 꽃이며 그 자체만으로도 하나의 정원을 채우기에 충분하다." 1629년에 약제사이자 식물학자인 존 파킨슨(John Parkinson, 1567~1650, 137페이지 참조)은 아네모네를 이렇게 극찬했다. 지금도 마찬가지지만 당시 원예업계에서도 식물이나 씨앗, 특히 아름답고 귀한 표본이 사람의 손을 타고 전해졌는데, 누군가에게 준다면 아낌없이 나누는 게 불문율이었다. 여러 가지 측면에서 이런 관대함은 실용적이기도 했다. 보통 새로운 식물이 원산지와 멀리 떨어진 곳에 처음 도착하면 어떻게 키워야 할지에 대한 단서를 가진 사람이 없었기에 그 식물을 일단 주변 사람들에게 널리 나누는 게 현명하다고 여겨졌다. 그러지 않으면 자신의 표본이 죽었을 경우 그 식물 전체를 잃는 셈이기 때문이다.

하지만 유감스럽게도 모든 사람이 자신의 소중한 꽃을 이렇게 기꺼이 나누지는 않았다. 프랑스의 사제이자 교육자인 노엘 앙투안 플뤼슈(Noël-Antoine Pluche, 1688~1761)가 남긴 글을 보면 그 누구보다도 관대하지 않은 아네모네 수집가의 이야기가 등장한다. 1732년에서 1750년 사이에 플뤼슈는 삽화가 담긴 여덟 권짜리 저서인《자연의 풍경: 자연사의 세부 사항에 대한 이야기들(Spectacle de la Nature: or Nature displayed, being Discourses on such Particulars of Natural History)》을 펴냈다. 이 책에서 그는 다양한 환경에 놓인 허구적 인물들을 통해 자연 세계, 역사와 생명 등 여러 주제에 걸쳐 사실적인 정보를 전달했다.

이 책의 '꽃에 대해서'라는 장에서 플뤼슈는 유명한 꽃 상인이자 누구보다 부지런한 약초 재배자인 파리 출신의 바슐리에 씨에 대해 언급한다. 바슐리에는 당시 동방에서 멋진 아네모네 표본들을 얻었는데, 아마 대부분은 레반트 지역(서아시아에서 동지중해에 접해 있는 지역)에서 가져왔을 것이었다. 하지만 바슐리에는 이 아름다운 꽃을 여러 사람들과 나누려 하지 않았고, 10년 넘게 다른 이에게 씨앗이나 뿌리를 단 하나도 넘기지 않은 채 혼자서만 간직했다.

그 결과 바슐리에의 인색함에 대해 알게 된 프랑스의 한 의회 관리가 이래서는 안 된다고 생각해 꽃은 누구의 것도 아닌 자연의 작품인 만큼 모든 사람과 나눠야 한다고 주장했다. 그러고는 모피 장식이 달린 공무용 예복을 걸치고 아네모네의 씨앗이 떨어져 있으리리라 짐작되는 바슐리에의 시골집을 방문했다. 정원 사이를 걷는 동안 의원은 '우연히' 자신의 예복을 꽃들 사이에 떨어뜨렸다. 그것을 본 의원의 하인은 이 속임수를 기다렸다는 듯 즉시 나서서, 솜털이 덮여 보송보송한 식물의 씨가 잔뜩 묻은 주인의 예복을 얼른 집어 고이 접어서 챙겨 갔다. 이후 자유롭게 '해방된' 씨앗에서 싹을 틔운 아네모네는 의원의 친구들 사이에서 널리 퍼졌고 파리에 거주하던 이들은 정원에서 꽃을 키워 주변에 더 많이 나눴다. 바슐리에의 응접실에 숨어든 첩자 덕분에 이 비밀 작전이 성공한 셈이다.

곧 아네모네는 유럽의 나머지 지역을 휩쓸었고, 여러 해가 흐르자 각지의 유명한 꽃 상인들이 판매하는 품목 가운데서도 빛나는 별처럼 단단히 자리를 잡았다. 이 꽃이 영국에 언제 상륙했는지는 확실하지 않지만 아마 어느 정도 명성을 얻었다가 1805년경에 또 다른 새로운 꽃들이 첫선을 보여 정원사들의 상상력을 사로잡으면서 서서히 인기가 시들해진 듯하다.

그러다 1880년대 초가 되면서 아네모네에 대한 관심은 다시 고개를 들었다. 이것은 부지런한 교배를 거쳐 '세인트 브리지드'라는 겹꽃과 반겹꽃 품종을 만들어낸 더블린 하우스의 앨리스 로렌슨 (Alice Lawrenson, 1841~1900, 결혼 전 성은 블랜드Bland) 부인 덕이었다. 로렌슨 부인이 교배한 품종은 색이 밝고 꽃이 모란과 비슷했다.

아네모네 꽃은 색이 다양하지만 그중에서도 파란색 꽃은 홑꽃이든 겹꽃이든 모두 무척이나 아름답다. 묘하게도, 꽃을 비밀리에 숨기고자 했던 바슐리에와 첩보 영화처럼 씨를 몰래 가져오고자 했던 의원의 행동 덕에 아네모네라는 매력적인 식물이 영국해협을 가로지르고 아일랜드해를 건널 수 있었다. 한편《가든(The Garden)》과《가드너스 크로니클(The Gardeners' Chronicle)》에 종종 기고했던 앨리스 로렌슨은 '세인트 브리지드'라는 필명을 썼는데, 많은 사람의 칭송을 받는 아네모네를 교배해 기른 사람에게 세간의 이목이 쏠리는 것을 피하려 한 것이다. 나중에 로렌슨이 사망했을 때《가드너스 크로니클》은 사망 기사에서 "그녀는 실제 자신의 이름보다 세인트 브리지드라는 필명으로 더 잘 알려져 있었다"라고 적었다. 로렌슨은 생전에 더블린의 글래스네빈에 자리한 국립 식물원을 포함하는 식물 교류 네트워크에 속해 있었고, 이곳에 정기적으로 아네모네의 씨를 기증했다. 구두쇠 같았던 바슐리에는 로렌슨의 이 너그러운 성품을 보며 가치 있는 교훈을 얻어야 할 것이다.

카리스마를 선사하는 꽃
금어초

Antirrhinum majus

금어초를 보면 이 꽃의 측면을 오므려 '용의 턱'과 닮은 주둥이를 열었다 닫으며 재미있어하던 어린 시절의 기억을 떠올리는 사람이 많을 것이다. 루핀(층층이부채꽃)과 비슷하게 금어초는 꽃의 아랫입술에 어느 정도의 무게를 지닌 무언가가 닿았을 때 입이 벌어지는 특징이 있어서 수분(꽃가루받이)을 위해 호박벌에 크게 의존한다. 환상적이고 선명한 색을 띠는 금어초는 시골집 정원의 느낌과 향수를 자아내는 투박한 꽃이라고 여겨지곤 한다.

하지만 이 꽃에 얽힌 풍부한 이야기를 파헤치다 보면 사뭇 어두운 면들이 드러나기 시작한다. 예컨대 이 꽃의 씨앗 외피(삭)는 두개골과 비슷하게 생겼다. 언제나 그렇듯이 통찰력이 뛰어났던 정원사 존 제라드는 1597년에 자신의 저서 《약초(Herball)》에서 그 섬뜩한 모습을 보고 이렇게 말했다. "이 씨앗은 껍질 속에 들어 있고 거무스름하다. (…) 사람의 두개골보다는 양의 것에 더 가까운 듯하다." 아마도 이런 점은 금어초가 예전부터 주술과 깊은 관련을 맺었던 이유를 어느 정도 설명할 것이다.

전해오는 이야기에 따르면 금어초는 초자연적인 특성을 지녔다. 사람이 독에 중독되지 않도록 보호하는 힘이 있으며 이 꽃을 거울 앞에 놓으면 어떤 저주가 가해졌든 그것을 반사한다고 한다. 더 나아가 르네상스 시대에는 이 보잘것없는 금어초에 또 다른 새로운 힘이 주어졌다. 스스로 매력이 부족하다고 느끼는 사람들에게 금어초가 카리스마를 준다는 것이다. 이 꽃을 몸에 지니는 것만으로 한 사람의 사회적인 지위가 올라간다고도 여겨졌다. 흠, 그렇다면 굳이 마다할 이유가 없지 않은가!

물론 금어초가 이런 매력을 선사한다는 이야기는 쉽게 믿기 힘들다. 하지만 오늘날의 패셔니스타라면 입처럼 생겼다고 여겨졌던 금어초의 한 품종을 똑딱이로 고정하는 귀걸이로 착용해도 멋지지 않을까?

이후로, 예상 가능한 일이지만 여러 해에 걸쳐 육종가들은 겹꽃이 피는 금어초를 피우는 데 성공했다. 유감스러운 건 '오픈 페이스' 또는 '나비'라 불리는 이 새로운 품종들은 매우 아름답기는 해도 예전처럼 꽃을 '똑딱'하고 오므리는 경첩 부위는 없다는 점이다.

차가운 겨울의 차
돌부채

Bergenia crassifolia syn. Saxifraga crassifolia, Megasea crassifolia

돌부채가 써온 역사는 자연 속 본래 서식지에서 쫓겨난 식물이 정체성과 용도마저 잃게 된다는 고전적인 예라 할 만하다. 이 식물의 잎은 예전부터 카페인이 없는 상쾌한 음료인 시베리아 차를 만드는 원료였지만, 이후 돌부채는 유럽에서 겨울 정원에 꼭 심어야 할 식물로 거듭났다.

원산지인 시베리아에서 이 식물을 처음 채집해 정식으로 기록에 남긴 사람은 독일의 박물학자이자 민족지학자인 요한 게오르크 그멜린(Johann Georg Gmelin, 1709~1755)이었다. 1733년부터 1743년까지 덴마크의 탐험가 비투스 베링(Vitus Bering)이 이끈 제2차 캄차카 탐험대(대북방 탐험대)에서 해군 장교로 복무하는 동안, 그멜린이 수집한 연구 재료들은 네 권짜리 저서인《시베리아의 식물상(Flora Sibirica)》의 바탕이 되었다. 이 책은 이후 그멜린이 사망한 뒤인 1769년에 출간되었다.

린네는 1760년에 그멜린이 상트페테르부르크에서 보낸 이 식물을 받아 삭시프라가 크라시폴리아(Saxifraga crassifolia)라는 학명을 붙였다. 린네의 '사도들' 가운데 한 명이던 다니엘 솔란데르(Daniel Solander) 박사는 1765년 런던에 도착하며 이 식물을 영국에 소개했다. 1794년에는 독일의 식물학자 콘라트 묀히(Conrad Moench, 1744~1805)가 해부학자 카를 아우구스트 폰 베르겐(Karl August von Bergen)을

기리고자 이 식물에 베르게니아(Bergenia)라는 새로운 속명을 지어 붙였다. 그리고 종명인 크라시폴리아(Crassifolia)는 '단단함' 또는 '두꺼움'을 뜻하는 라틴어 단어인 'crassus'에서 비롯했는데, 무성한 가죽질의 잎사귀 때문에 붙은 이름이 확실하다. 이 독특한 잎에서 '시베리안 티'라는 영어권의 일반명이 나왔다.

이 식물의 어린 녹색 잎은 탄닌 함량이 높아서 몹시 쓴맛이 난다. 하지만 겨우내 자연 발효가 이루어지면서 탄닌의 양이 줄어들고, 그다음 겨울을 지나며 잎은 갈색이 되며 그 이듬해 겨울을 지나면 검은색이 된다. 검게 변한 잎은 봄철에 수확되며 '치기르' 또는 '치기르스키'라 불리는 차를 만드는 데 이상적인 재료다. 이 잎이 잣나무 잎과 비슷하다고 여기는 사람들도 있다. 반면에 유럽 다른 나라의 정원에서는 갈색 또는 검은색으로 변한 잎은 버려진다.

원예사 거트루드 지킬(Gertrude Jekyll, 1843~1932, 199페이지 참조)은 돌부채속 식물의 열렬한 팬이어서 자신의 정원 가장자리를 장식하거나 다른 관목 아래에 즐겨 심곤 했다. 1899년에 출간한 저서인《숲과 정원(Wood and Garden)》에서 지킬은 이렇게 말했다. "나는 여름이고 겨울이고 이 식물의 튼튼하고 멋진 잎을 보고 있자면 결코 질리지 않는다."

선원으로 변장해 세계를 일주한 여자
부겐빌레아

Bougainvillea spectabilis

부겐빌레아는 당당하게 자신의 존재를 뽐내는 화려한 식물의 대명사다. 이 식물을 처음 유럽에 들여온 사람과는 달리 이 식물은 우리의 주의와 관심을 요구한다. 그리고 이 식물의 아름다움은 관 모양의 꽃이 아니라 꽃을 둘러싼 종이 같은 포엽(bract)의 색 덕분이다.

이 식물이 어떻게 부겐빌레아라는 이름을 갖게 되었는지에 대해서는 꽤 널리 알려진 사연이 있다. 이 사연은 한 여성에 대한 잘 알려지지 않은 이야기와 이어진다. 그 여성은 식물과 그 식물의 약효에 대해 광범위한 지식을 지녔으며 최초로 전 세계를 일주했다.

이 여성, 잔 바레(Jeanne Baret, 1740~1807)의 삶은 미스터리에 싸여 있다. 그나마 확실한 건 1760년대에 바레가 자신의 인생을 엄청나게 변화시켰던 한 남자와 파리에서 살았다는 사실이다. 그 남자는 성격이 괴팍하고 자신의 일에만 몰두하던 프랑스의 박물학자 필리베르 코메르송(Philibert Comerçon, 1727~1773)이다. 1766년에 코메르송은 위풍당당한 탐험가 루이 앙투안 드 부갱빌(Louis Antoine de Bougainville, 1729~1811)이 이끄는 배에 의사이자 박물학자 자격으로 탑승해 전 세계를 일주하는 최초의 프랑스 탐험대에 참가했다. 처음 제안받은 3년의 기간 동안 코메르송은 에투알호에 타고 부갱빌은 자매 배인 부되즈호에 탄 채 항해하기로 했다.

이때 바레는 왕의 배에 여성이 타지 못하도록 금지하는 법을 무시한 채 헐렁한 남성복을 입고 리넨으로 가슴을 동여맨 다음 에투알호가 출발하기 몇 분 전에 조용히 배에 올랐다. 이 변장 작전에 코메르송 역시 관여했을까? 그가 일기에 다음과 같이 적었다는 사실만은 확실하다. "탐험대는 나에게 장(Jean, Jeanne에 해당하는 남자 이름-옮긴이) 바레라는 이름의 하인을 붙여주었다."

바레는 코메르송과 함께 넓은 객실을 썼기 때문에 나머지 117명의 선원들을 피해 어느 정도 사생활을 지킬 수 있었다. 게다가 처음에 코메르송이 "장은 거세된 사람"이라 말해둔 터라 바레는 성별에 대해 의심의 눈초리를 피할 수 있었다.

1767년 6월, 에투알호는 리우데자네이루에서 부되즈호와 합류했다. 이 중간 기착지에서 바레와 코메르송은 눈길을 끄는 자홍색의 덩굴 식물 한 종을 포함해 여러 식물 표본을 채집했다. 그리고 코메르송은 이 덩굴 식물 표본에 '부겐빌레아'라는 이름을 붙였다. 에투알호가 정박한 곳마다 바레와 코메르송은 상업적이거나 의학적 가치가 있을 듯한 식물을 찾아 나섰다. 하지만 이때 코메르송이 건강이 악화되는 날이 많았던 만큼, 식물학을 공부했던 잔 바레가 부갱빌이 이끄는 탐험 기간 내내 얻은 수천 개의 식물 표본 가운데 상당수를 혼자 힘으로 채집했을 가능성은 충분하다.

그러는 동안 남자 선원들은 '장'이 수염을 기른 모습을 보이지도 않는 데다 옷을 벗거나 긴장을 풀지도 못한다고 쑥덕대면서 장의 성별에 대해 이 따금 의심의 눈길을 보냈다. 결국 바레는 선원이 무사히 처음으로 적도를 넘도록 기원하는 세례식을 거치며 겨우 주변의 의심에서 벗어났다. 이 의식을 마치려면 옷을 벗은 채 바닷물에 몸을 흠뻑 적셔야 했는데 아마도 코메르송의 도움을 받아 어떻게든 넘겼던 듯하다. 이후에도 실수로 정체를 드러낼 뻔한 적이 있었지만 바레는 탐험이 시작되고 거의 18개월이나 지난 1768년 초까지 자신의 성별을 잘 숨겼다.

이 항해 중에 부갱빌을 포함한 몇몇 사람들이 일기를 남겼다. 그렇기에 바레의 정체가 처음 어떻게 발각되었는지에 대해 여러 상반된 해석이 존재한다. 처음에 바레는 비밀이 드러난 뒤에도 자신이 코메르송을 속인 것이라고 얘기해 그를 이 사건에 끌어들이지 않으려 했다.

바레의 정체가 드러나고 8개월이 지난 그해 12월, 에투알호는 프랑스의 영토인 모리셔스섬에 도착했다. 당시 코메르송은 병세가 위중해 탐험을 계속할 수 없었다. 그래서 부갱빌 탐험대가 프랑스 본국으로 돌아가는 동안 바레는 코메르송과 함께 루이항구에 머물렀다. 이후 코메르송은 1773년 초에 사망했고, 바레는 표본 상자 40여 개를 제외하고는 아무것도 손에 남지 않아 가난을 면치 못했다. 바레는 다시 여성의 옷을 입기 시작했고 1774년 5월에 프랑스의 군인인 장 뒤베르나(Jean Dubernat) 와 결혼해 남편의 도움을 받아 고향으로 안전하게 돌아갈 수 있었다. 그리고 9년 전 조용히 에투알호에 잠입했던 것처럼, 1775년에도 역시 배에서 프랑스 땅으로 건너가는 널빤지를 따라 걸어가 전 세계를 일주한 최초의 여성이 되었다.

바레가 돌아온 지 14년 뒤 프랑스의 식물학자 앙투안 로랑 드 쥐시외(Antoine Laurent de Jussieu, 1748~1836)가 부겐빌레아속에 대해 처음으로 언급했다. 한편 코메르송의 필체로 적힌 메모에 따르면 "이런 특징을 가진 식물은 그동안 보고되지 않았다. 우리는 새로 발견된 식물 속에 새로운 이름을 부여했다. 자연사, 예술, 그리고 과학을 아우르는 모든 분야에 조예가 깊은 저명한 부갱빌 씨의 이름을 따서 붙인 이름이다." 여기서 흥미로운 사실은 코메르송의 설명에서 주어가 '우리'라는 점이다. 이후 카를 루트비히 빌데노(Carl Ludwig Willdenow) 교수가 부겐빌레아 스펙타빌리스(*Bougainvillea spectabilis*)라는 이름을 정식으로 발표하기에 이르렀다. 스펙타빌리스(*Spectabilis*)라는 종명은 '감탄스러운', '주목할 만한'이라는 뜻을 지닌 라틴어 단어에서 왔는데, 둘 다 잔 바레라는 인물과 잘 어울린다.

바레는 나중에 부갱빌 탐험대에서 보였던 공로를 인정받아 국가 연금을 받게 되었다. 이런 관대한 처분이 이루어진 계기는 부갱빌 자신이 1785년에 바레의 능력과 용기, 식물학 분야의 전문 지식에 대한 글을 남기면서부터였다. 바레는 그로부터 22년 뒤인 1807년 8월 5일 67세의 나이로 세상을 떠났다.

그리고 250년이 지난 2012년, 새로 발견된 가지과 식물의 학명에 바레의 이름이 붙어 솔라눔 바레티아이(*Solanum baretiae*)가 되었다. 이 식물은 잎과 꽃잎의 모양이 다채로우며 흰색부터 보라색에 약간의 노란색까지 색깔도 다양한 덩굴이다. 이 식물의 복잡다단한 특징은 변화무쌍했던 잔 바레라는 사람의 특성을 반영하는 듯하다.

07

힘든 항해 끝에 도착한 식물
레티쿨라타동백

Camellia reticulata 'Captain Rawes'

오래전부터 사람들은 부수입을 올릴 수 있는 혁신적인 방법을 찾으려 애썼다. 1600년에서 1873년 사이에 활동했던 동인도회사의 관리와 선박을 책임지던 선장들 역시 예외가 아니었다. 동인도회사는 무역을 통해 이윤을 거두기 위해 설립되어, 유럽이나 남아시아, 극동 지역 사이에서 매우 귀한 상품이었던 카멜리아 시넨시스(*Camellia sinensis*), 다름 아닌 차(茶)를 사고팔았다.

이 시장에서 무엇보다 우선하여 취급하던 품목은 차였지만 비단이나 그림, 식물처럼 잠재적으로 수익성이 있으리라 여겨지는 물품 역시 항상 관심거리였다. 그래서 동인도 무역선(East indiaman)이라 불리던 배에는 꼭 이런 품목이 빠지지 않았다.

하지만 중국에서 희망봉을 경유해 유럽에 도달하기 위해서는 적도를 두 번 가로질러야 했고, 그러는 동안 화물은 널뛰듯 급변하는 온도에서 짠 바닷물을 뒤집어쓰기 일쑤였다. 이런 판국에 조금이라도 관리가 소홀하면 해충이 끓었던 터라 식물들은 배 안에서 죽지 않고 계속 생존하기 위해 고군분투했다. 당연히 도중에 죽는 식물의 비율이 높았고, 그랬던 만큼 동백, 즉 카멜리아 레티쿨라타(*Camellia reticulata*) 같은 식물 표본이 런던에 무사히 도착하기라도 하면 높은 가격이 붙었음은 물론 동인도회사의 관계자들도 큰 영예를 얻었다.

동백 중 한 종인 레티쿨라타동백을 처음 발견해 채집한 사람은 중국의 동식물에 대한 정교한 그림을 수집한 것으로도 유명한 아마추어 박물학자이자 동인도회사의 차 검사관이었던 존 리브스(John Reeves)였다고 여겨진다. 이미 리브스는 중국의 등나무를 유럽에 성공적으로 소개한 바 있었다. 1816년에 리브스는 등나무 표본 두 개를 얻어 안전하게 운송하기 위해 하나는 커프넬스호의 웰뱅크 선장에게, 다른 하나는 웨렌헤이스팅스호의 리처드 로스 선장(Richard Rawes, 1784~1831)에게 보내 위험성을 분산시켰다. 결국 두 표본 모두 죽지 않고 영국까지 무사히 도착했는데 그에 따라 이 운송 작업에 참여한 모든 관계자는 큰 이득을 얻었다.

이렇게 로스 선장은 자신이 전 세계에 식물을 안전하게 운송할 수 있다는 사실을 증명했고, 1820년에는 리브스의 동백나무를 중국 광저우의 왐포아에서 영국으로 가져오는 데 성공했다. 그리고 이 식물은 1826년에 로스 선장의 여동생인 엘리자베스와 그 남편 토머스 케리 팔머(Thomas Carey Palmer)가 살던 브롬리의 집에서 큼직한 장밋빛 분홍색을 띤 반겹꽃을 피웠다. 그리고 이 식물을 가져오는 데 공이 컸던 선장의 이름을 따서 품종명이 지어졌다.

오늘날 영어권에서 '캡틴 로스' 동백이라 불리는 레티쿨라타동백은 번식시키기가 상당히 어려워 희귀한 역사적 표본으로 판매되고 있다.

08

씨앗이 들려주는 리듬
인디언칸나

Canna indica

어디에서 보든 간에 칸나라는 식물은 항상 이국적인 분위기를 풍긴다. 아메리카의 열대 지역이 원산지인 이 식물이 처음 유럽에 소개된 것은 1500년경 서인도제도를 거쳐 스페인과 포르투갈에 들어오면서부터였다.

신성로마제국의 황제 막시밀리안 2세(Maximilian II)의 황실 정원사이기도 했던 플랑드르 출신의 의사이자 샤를 드 레클뤼즈(Charles de L'Écluse)라는 이름으로도 알려진 카롤루스 클루시우스(Carolus Clusius, 1526~1609)는 리스본의 한 정원에서 자라는 칸나를 보고 '카냐 데 쿠엔타스'라고도 불리는 이 식물의 매우 단단한 씨앗을 묵주 구슬로 쓰자고 제안했다. 클루시우스는 1601년에 칸나 인디카(*Canna indica*)에 대한 글을 남기기도 했는데 이 식물은 닫힌 꽃 모양이 게의 집게발과 닮았다는 이유로 플로스 칸크리(*Flos Cancri*)라고도 불렸다('cancri'는 게자리라는 별자리의 상징과 관련이 있다). 그뿐만 아니라 클루시우스는 이 식물이 유럽의 겨울철에 살아남거나 일반적으로 화분에 재배되기 위해서는 따뜻한 장소에서 보호받아야 한다고도 주장했다.

이후 1629년에 식물학자 파킨슨은 인디언칸나를 '인도에서 온 꽃이 피는 갈대'라고 묘사하며 자신이 붉은색과 노란색의 두 종류를 기르고 있는데 이 식물이 '완두콩처럼 검고 큰 씨앗'을 맺는다고 언급했다. 하지만 1846년에 칠레 발파라이소의 프랑스 총영사 테오도르 아네(Théodore Année)가 여러 식물 종과 함께 고향에 돌아왔을 때 인디언칸나는 민감한 성질 때문인지 시들어버려 다른 식물에 비해 잊히고 말았다. 그래도 아네는 은퇴한 뒤에 칸나를 번식시키는 데 열중했고 그 결과 몇 년 뒤 이 식물은 그야말로 프랑스를 강타하며 인기를 끌었다. 열대와 아열대 식물이 점점 유행하면서 1861년에는 수천 포기의 칸나가 파리의 여러 광장에서 흔하게 재배되었다.

이후 1867년에는 아일랜드의 정원사이자 원예에 대한 글을 쓰던 작가 윌리엄 로빈슨(William Robinson, 1838~1935)이 파리 만국박람회에 들렀다가 이 도시의 공원에 칸나가 흔하다는 사실을 발견하고 꽤 매료되었다. 로빈슨은 영국으로 돌아온 이후에 정원에서 이 꽃을 기르자고 권했고 이제 칸나의 아름답고 큼직한 구릿빛 잎은 밝은색을 띤 꽃들만큼이나 귀중하게 여겨지게 되었다. 시간이 지나 쉽게 시들지 않는 튼튼한 칸나 종이 유럽에 도입되면서 이 식물은 인기몰이 끝에 어디서든 찾아볼 수 있게 되었다. 하지만 지나치게 흔해지면 곧 너무 눈에 띄어 요란한 느낌을 준다. 그렇게 인디언칸나와 그 친척들은 우아함과는 거리가 멀어졌다.

남아메리카의 토착 서식지에서 인디언칸나는 상업적인 가치가 있다. 전분이 함유된 뿌리줄기는 식용 가루를 만드는 데 쓰이기도 하고, 어린잎을 채소로 먹기도 하며, 다른 재료와 함께 약재로도 쓰인다. 하지만 그보다 훨씬 흥미로울 뿐 아니라 심미적인 용도가 있는 것은 둥글고 단단하며 검은 씨앗이다. 아르헨티나의 한 무덤에서 발견된 약 550년 된 호두 껍데기 목걸이에는 단단한 인디언칸나 씨앗도 들어가 있는데 덕분에 이 목걸이는 원래 형태를 잘 간직하고 있다. 이 식물의 영어권 일반명인 '인디언 샷(Indian shot)' 또한 1857년 세포이 항쟁 당시에서 유래를 찾을 수 있는데, 납 총탄을 다 소진한 군인들이 마지막으로 완벽하게 둥글고 돌처럼 단단한 인디언칸나 씨앗을 탄환으로 사용했기 때문이다. 이 씨앗은 끓이면 보라색 염료를 만들 수도 있다.

씨앗을 훨씬 더 즐겁게 사용하는 사례도 있다. 이 식물이 수백 년에 걸쳐 이동했던 경로에 자리하는 여러 나라의 전통 악기를 보면 알 수 있다. 모리셔스와 마스카렌제도를 비롯한 아프리카 국가에서 흔하게 사용되는 악기 가운데 수평 방향으로 흔드는 납작한 딸랑이인 카얌브(Kayamb)가 있다. 이 악기는 사탕수수의 꽃대 또는 갈대의 줄기 속에 칸나 씨앗을 채워서 만든다.

또 음악이 지역 사회의 사회적, 정치적, 종교적 삶에서 중요한 역할을 담당하는 나의 모국 짐바브웨에서는 호쇼(hosho)라는 악기가 몹시 중요하게 여겨진다. 이 악기는 속이 빈 박에 호타(hota)라고 불리는 인디언칸나의 씨앗을 부분적으로 채워 만든다. 종종 악기를 더 단단하게 만들고자 호타를 집어넣기 전에 박을 소금물에 끓여 안의 속살을 긁어내기도 한다. 가끔은 박 표면을 태워 작은 구멍들로 이뤄진 단순한 패턴을 만들기도 하지만, 대체로 악기가 밀봉되기 전에 목공용 송곳 또는 그와 비슷한 도구를 사용해 정교한 장식을 새긴다. 호쇼는 음악의 장단과 속도를 맞추는 데 필수적인 악기이기 때문에 합주단의 심장 같은 존재여서 연주에는 항상 이 악기가 둘은 포함된다. 합주단의 연주가 어디로 나아갈지 호쇼가 길을 밝히는 셈이다.

최근에는 놀라울 만큼 정원에서 칸나가 다시 각광을 받아 화단의 가장자리나 장식용 화분에 숱하게 등장하고 있다. 이 식물은 추위를 견디는 내한성이 떨어지는 터라 실내용 식물로 알맞다. 실내 정원을 가꾸고 집에서 식물을 키우는 게 유행하면서, 인디언칸나와 그 친척 품종들은 밀레니얼 세대와 Z세대의 눈에 띄어 어느 때보다도 인기를 누리는 중이다.

윌리엄 로빈슨

아일랜드의 원예가이자 출판업자, 작가인 윌리엄 로빈슨은 식물과 정원에 대해 몇 가지 매우 확고한 견해를 갖고 있었다. 로빈슨은 원예의 역사에서 가장 중요하지만 동시에 논쟁의 중심에 놓인 인물이다. 예컨대 그는 장식적인 나무 전정법과 이국적인 화단 꾸미기가 유행하던 원예업계의 관행과 맞서, 형식을 탈피해 보다 자연주의적인 양식으로 튼튼한 다년생 식물을 가꾸고자 했다.《타임스》의 원예 분야 특파원이던 로빈슨은 1867년 파리에서 열린 만국박람회를 취재했고 그곳에서 자신의 저서에 담을 식물학적 영감을 얻었다. 그에 따라 1870년에 로빈슨은《야생 정원(The Wild Garden)》을 펴냈고, 이어 1883년에는 '정원 가꾸기에 대한 지금까지 출판된 책 가운데 가장 널리 읽히고 영향력 있는 책'으로 알려진《영국의 꽃 정원(The English Flower Garden)》을 출간했다. 또 그는 1871년부터 주간지인《가든》을 발간했고, 로빈슨은 1885년 8월부터 1935년 사망할 때까지 그의 집인 서식스의 그레이브티 매너에 딸린 1,000에이커의 땅에서 실천에 옮겼던 원예에 대한 아이디어를 많은 독자에게 전달할 수 있었다.

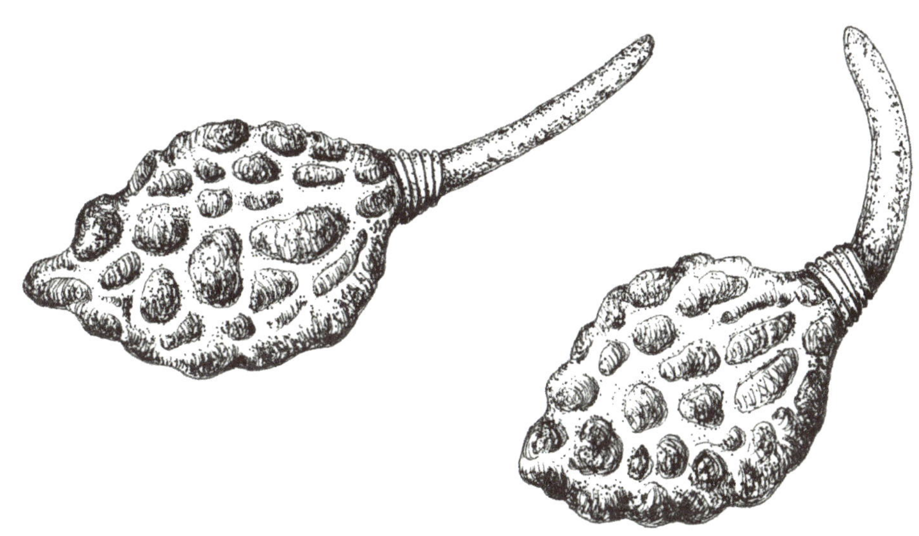

09

윌모트의 헌신
차이니즈플럼바고

Ceratostigma willmottianum

차이니즈플럼바고는 코발트블루 빛깔의 꽃에 이와 대조적인 가을 분위기의 붉은색 잎을 갖춰 눈에 띄는 관목이다. 학명은 케라토스티그마 윌모티아눔(*Ceratostigma willmottianum*)이며 윌모티아눔이라는 종명은 19세기 말에서 20세기 초 사이에 가장 성공을 거둔 영국 원예가로 손꼽히는 엘런 윌모트(Ellen Willmott, 1858~1934)의 이름에서 따왔다. 윌모트는 식물에 대해 헌신한 끝에 막대한 재산을 탕진했고 결국 파산에 이르렀을 정도였다.

새로운 식물을 재배하고 개량하려는 욕구를 참지 못했던 윌모트는 식물을 발견하기 위한 탐험대에 자금을 지원하거나 공동으로 후원했으며 그중 일부는 직접 참여하기도 했다. 그 결과 영국 에식스의 월리 플레이스에 자리한 윌모트의 유명한 정원에는 그녀의 이름을 직간접적으로 딴 새로운 종이나 품종이 약 200종이나 되었다.

윌모트는 중국을 두 번 여행한 영국의 식물 수집가 어니스트 윌슨(Earnest Wilson, 1876~1930)의 업적을 십분 활용했다. 그리고 1906년에는 찰스 사전트(Charles Sargent)를 통해 미국 보스턴의 아널드 수목원에서 일하던 윌슨을 설득해 탐험을 계속해달라고 부탁했다. 하지만 당시 막 가정을 꾸려 아버지가 된 윌슨은 다시 탐험에 나서기를 꺼렸다. 그러자 서전트는 윌모트 본인이 나서야 윌슨을 데려

올 수 있을 듯하다며 편지를 보냈다. 결국 윌모트는 아마 자신도 감당하기 힘든 금액이었을 200파운드를 주겠다고 약속했고 윌슨의 마음을 바꾸는 데 성공했다. 그에 따라 이후 윌슨은 1908년 중국 쓰촨성의 민장강 계곡에서 차이니즈플럼바고 종자를 얻는 성과를 올렸다. 이 종자는 여러 사람에게 보내졌지만 그중 두 포기를 키워내는 데 성공한 사람은 윌모트가 유일했다. 그래서 하나는 월리의 자택에, 다른 하나는 윌모트가 사랑하는 여동생 로즈의 집인 우스터셔의 스페츨리 파크에 심었다. 그리고 이후 1914년에 큐의 왕립 식물원에서 오스트리아 태생의 분류학자 오토 슈타프(Otto Stapf)가 이 식물의 특징을 정식으로 기록했다.

윌모트는 1897년 왕립 원예 협회에서 수여하는 빅토리아 명예 훈장을 받게 되었는데, 당시 여성이 이 자리에 올라간 것은 거트루드 지킬을 포함해 역사상 단 두 명뿐이었다. 하지만 윌모트는 훈장을 받는 자리에 모습을 드러내지 않았다. 그 이유는 안타깝게도 윌모트가 사랑했던 사람인 조지아나 터프넬(Georgiana Tufnell)이 다음 날 마운트 스티븐(Mount Stephen) 경과 결혼할 예정이었기 때문이었다. 과정은 비록 험난했지만, 원예에 대한 윌모트의 헌신은 결코 과소평가할 수 없을 것이다.

10

왕가의 사업
분홍바늘꽃

Chamaenerion angustifolium, Epilobium angustifolium(이명)

1597년에 펴낸 책《약초》에서 존 제라드(91페이지 참조)는 분홍바늘꽃의 독특한 아름다움을 상찬하며 이렇게 적었다. "이 식물은 잎이 마치 버드나무 같으며 동양적인 보랏빛의 매우 아름답고 당당한 꽃들이 그 주변을 장식한다. 내 정원에서도 이 식물을 키우는데 꽃이 아주 보기 좋다." 이후 30년 뒤에야 분홍바늘꽃은 다시 주목을 받았는데 존 파킨슨(137페이지 참조)이 "외딴곳에 여기저기 멀리 퍼져 다시 싹을 틔우려는" 이 식물의 반사회적인 경향에 대해 언급했기 때문이었다. 또 다른 재배자들은 봄에 새로 난 부드러운 새싹을 수확해 아스파라거스처럼 쪄 먹게 되기 전까지는 이 식물의 덩굴이 "도저히 통제할 수 없을 만큼 어지럽게" 자란다고 비난했다.

분홍바늘꽃은 영국의 정원에 행복하게 자리를 잡기 전까지 수백 년에 걸쳐 여러 나라에서 조금씩 인기를 누렸던 식물이었다. 처음에는 '프랑스 버드나무'라는 이름으로 정원사들에게 소개되었으며 파킨슨은 이 식물을 '버드나무 꽃'이라고 불렀다. 정원사들 사이에서 널리 알려지기 전까지 분홍바늘꽃은 희귀하고 귀중한 정원용 꽃으로 인식되었다.

여러 나라에서는 수백 년에 걸쳐 자기 지역의 식물상(특정 지역에 생육하고 있는 식물의 모든 종류)을 문서로 정리해 출간한다. 예컨대 덴마크에서는 1761년부터《덴마크의 식물상(Flora Danica)》을 정리하기 시

작해 1833년에야 완성했다. 열일곱 권으로 이뤄진 이 출판물에는 덴마크의 가장 뛰어난 식물학자들이 손으로 직접 그린 3,240개의 전면 컬러, 또는 부분 컬러 도판이 포함되었다. 물론 이 그림은 식물학적으로도 정확했다. 이런 도판에서 식물은 근계(식물의 뿌리 전체)를 포함해 꽃을 피운 모습으로 그려진다. 분홍바늘꽃 역시 1765년에서 1766년 사이에 출간된《덴마크의 식물상》2권에 등장하는, 초기에 수록된 식물 중 하나다.

이《덴마크의 식물상》프로젝트의 시작과 실제 출간에 중요한 역할을 한 사람이 독일의 식물학자 게오르크 크리스티안 외더(Georg Christian Oeder, 1728~1791)였다. 외더는 여기저기 널리 여행하며 분홍바늘꽃을 포함한 여러 식물을 채집하고 기록했다. 당시 주변에 있던 한 사람은 "지역 주민들이 그처럼 훌륭한 교육을 받은 남자가 약초를 찾아 산을 기웃거리는 모습을 보며 얼마나 놀랐는지"를 글로 남기기도 했다. 파킨슨이었다면 이런 광경을 보고 미소를 지었겠지만 말이다.

《덴마크의 식물상》은 기억할 만한 가치가 충분한, 사회의 중요 프로젝트였다. 그래서 1790년에 덴마크의 프레데리크 왕세자가 만찬용 물품을 제작하라고 명했을 때, 코펜하겐 왕립 도자기 공장의 관리자인 요한 테오도르 홀름스키올(Johan Theodor Holmskjold)은《덴마크의 식물상》에서 영감을 받은 물건을 만들면 어떻겠느냐고 제안했다. 국가의 자

금 지원을 받는 만큼 여느 때와 달리 손으로 직접 그린 정교한 도자기 그림으로《덴마크의 식물상》의 아름다운 삽화를 재현하려는 시도였다. 전하는 말에 따르면 이 프로젝트는 그 당시 세상을 떠난 예카트리나 대제(Catherine the Great, 1729~1796)을 기리기 위해서였다고도 한다.

하지만 1802년이 되어 100종류의 도자기가 완성된 시점에 생산이 중단되었고, 이후 덴마크의 알렉산드라 공주가 이후 에드워드 7세가 될 영국 왕세자와 결혼하게 되면서 1862년이 되어서야 예물용으로 생산이 재개되었다. 분홍바늘꽃은《덴마크의 식물상》을 토대로 한 도자기 프로젝트에서 가장자리가 그물 장식으로 덮인 아름다운 디저트 접시에 에필로비움 앙구스티폴리움(*Epilobium angustifolium*)이라는 이명(정식 학명과 함께 자주 불리는 다른 이름-옮긴이)과 함께 그려졌다.

이 식물이 땅속 뿌리줄기를 통해 퍼지는 습성은 여러 해에 걸쳐 명성에 누를 끼쳤지만, 동시에 한 포기에 매년 수천 개의 종자를 생산하는 능력 덕에 다시 명성을 회복했다. 또한 제2차 세계대전 동안에는 이 식물이 불에 탄 땅이나 폭격을 당한 지역에서 짧은 시간 내에 새롭게 번성하는 매우 성공적인 개척자 종이라는 사실이 발견되어 또 다른 일반명으로 '불풀', 또는 '폭탄 풀'이라는 이름을 얻게 되었다.

이렇듯 '도저히 통제하기 힘들 만큼 어지럽게 자라는' 특성 때문에 오늘날의 정원사들은 여전히 아름다운 자홍색 꽃을 피우는 이 식물에 꽤 넓은 공간을 할당한다. 그래서 나는 분홍바늘꽃보다는 자매 종이자 훨씬 통제하기 쉬운 카마이네리온 앙구스티폴리움 '알붐'(*Chamaenerion angustifolium* 'Album')'을 조심스레 추천한다. 눈처럼 하얀 꽃이 우아하게 첨탑 모양 꽃차례를 이루며 섬세한 분홍색 꽃대를 지닌 카마이네리온 앙구스티폴리움 '슈탈 로즈'(*Chamaenerion angustifolium* 'Stahl Rose')도 좋다.

11

눈 속에 피는 섬세한 푸른 별
치오노독사

Chionodoxa luciliae, Scilla luciliae(이명)

치오노독사는 봄에 엷은 푸른색의 아름다운 꽃을 피우는 구근식물로, 땅에 눈이 아직 녹지 않은 동안 꽃을 피우곤 해서 영미권에서는 '눈의 영광(glory-of-the-snow)'이라는 일반명으로 불린다.

J. G. 베이커에 따르면, 1879년에 출간된 《커티스의 식물학 잡지(Curtis's Botanical Magazine)》에 이 식물이 처음 유럽에 도입된 사연이 실렸다고 한다. 1877년 5월 스미르니아(오늘날의 튀르키예 서부 이즈미르 지역) 동쪽의 님프다그산을 오르던 조지 모(George Maw, 1832~1912)가 이 식물을 발견해 채집했다는 것이다. 지질학자이자 식물학자, 도예가였던 모는 1886년에 크로커스속에 대한 논문을 쓴 업적으로 가장 잘 알려졌으며, 남동생 아서와 함께 슈롭셔 브로슬리에 모앤코라는 회사를 설립해 아름다운 장식용 착색 점토 타일을 제작한 것으로도 유명하다. 모는 자신의 관심사를 반영해 자기 회사의 제품에 식물학적으로 정확한 꽃 그림을 넣었다. 그뿐만 아니라 그는 1853년부터 1886년까지의 장기 임차 기간에 오늘날 내셔널 트러스트의 부동산인 슈롭셔의 벤탈 홀에 정원을 꾸며 명성을 얻기도 했다.

치오노독사를 처음으로 기록하고 특성을 묘사한 것은 1844년, 스위스의 식물학자인 피에르 에드몽 부아시에(Pierre Edmond Boissier, 1810~1885)였다. 부아시에는 쥐라산맥이나 알프스산맥 등지에서 탐험을 즐기며 어린 시절을 보냈고 자연에 매료된 채 성장했다. 그렇게 식물학에 대한 흥미를 놓지 않았던 부아시에는 여가 생활을 충분히 누릴 만큼 막대한 재산을 상속받았고, 이후 유럽과 북아프리카, 서아시아를 여행하며 식물을 채집해 기록으로 남기는 데 일생을 바쳤다. 그 결과 19세기만 해도 부아시에는 가장 왕성하게 활동한 식물 채집가로 손꼽혔지만 오늘날에는 거의 언급되지 않은 채 잊혔다.

부아시에는 1840년에 결혼했고 아름다운 부인 루실(1822~1849)을 데리고 탐험을 나서곤 했다. 루실 역시 꽤 박식한 박물학자였다. 이 부부는 새로운 식물을 찾아 동양, 서아시아, 북아프리카를 돌아다녔다. 그리고 부인을 몹시 사랑했던 부아시에는 두 사람이 발견한 몇몇 종의 학명에 종종 그녀의 이름을 따 루킬리아이(*luciliae*)라는 이름을 붙였다. 특히 부아시에는 평소에 푸른 하늘을 닮은 루실의 눈동자에 매혹되었던 만큼, 튀르키예 서부의 보즈다그산에 들렀다가 녹고 있는 눈 속에 핀 섬세한 푸른 별 모양 꽃을 발견했을 때 이 식물에 무슨 이름을 붙일지는 거의 정해져 있었다. 이후 이 종은 1842년에 키오노독사 루킬리아이(*Chionodoxa luciliae*)라는 학명을 정식으로 승인받았다.

루실은 1849년, 남편과 함께 스페인과 알제리 등지를 여행하던 중 장티푸스에 걸리는 바람에 안타깝게도 27세의 나이에 그라나다에서 숨을 거뒀다. 부아시에는 엄청난 충격을 받았다. 나중에 부

아시에가 세상을 떴을 때, 부인이 사망한 뒤 그가 남은 인생을 얼마나 '슬픔의 그늘' 속에서 살아갔는지를 서술한 기사가 나올 정도였다. 하지만 부부의 공동 작업과 부아시에가 발견한 식물들의 이름 속에 루실의 이름은 두 사람의 애정에 대한 표시로 영원히 남았다.

한편 조지 모 역시 치오노독사를 처음 봤을 때 그 아름다움에 대해 "내가 지금껏 눈으로 봤던 꽃의 아름다움 가운데 가장 호화롭다"라고 말했다.

모는 이 아름다운 꽃을 원예업계에 처음 소개했을 뿐 아니라, 친구들에게 이 식물을 나누어준 뒤 남은 재고를 판매해 번 돈은 관대하게도 정원사 자선 협회(나중에 '정원사 왕립 자선 협회'로 이름이 바뀐 단체, 지금은 '페레니얼 정원사 자선 협회'로 더 잘 알려져 있다)에 기부해 필요한 운영 기금에 보태게 했다.

이 자선 단체는 1839년에 설립되었는데, 이곳이 만들어진 주요 목적은 은퇴와 동시에 재산을 점점 잃고 궁핍해질 위험에 처한 정원사들, 특히 수석 정원사들에게 어느 정도의 수입을 제공하는 것이었다. 이 단체는 정원사가 아닌 많은 이들에게도 지지를 얻었다. 유명한 소설가 찰스 디킨스(Charles Dickens)가 매년 열리는 모금 만찬회에 기조연설자로 등장할 정도였다. 모가 이곳에 돈을 기부할 무렵, 이 자선 단체는 고령의 정원사들에게 숙소와 요양원, 은퇴 후 주택을 제공하는 일로 사업의 초점을 옮기는 중이었다. 이후로 180년이 지난 지금도 페레니얼 협회는 점점 더 힘을 얻고 있다.

벤탈 홀에 있는 모의 정원은 그가 특히 애정을 품었던 크로커스를 포함해 동료 식물학자들이 채집한 여러 새로운 식물들을 선보이고 시험하기 위해 꾸며졌다. 이 위엄 있는 정원에서 모가 심었던 치오노독사는 그 누구의 것보다 튼튼하게 자라났고 1877년부터는 구근의 크기뿐만 아니라 개수도 늘었다.

모는 한 식물에 부아시에의 이름을 딴 콜키쿰 보이시에리(*Colchicum boissieri*)라는 학명을 붙여 식물학에 대한 이 부부의 평생에 걸친 헌신을 기렸다. 부아시에 부부의 딸이자 역시 식물학자였던 카롤린 바르베부아시에(Caroline Barbey-Boissier, 1847~1918)가 어머니가 사망한 뒤 아버지와 식물 채집 여행에 동참해 어머니의 뒤를 이었다는 점을 생각하면 이들의 이야기는 더욱 감동적으로 다가온다.

모가 사망한 지 130년이 지난 이후에도 매년 수백 명의 방문객이 벤탈 홀을 방문해 이곳에서 여전히 잘 자라는 치오노독사와 크로커스를 비롯한 다른 식물들을 감상한다. 사실 치오노독사는 주변 식물에게 해를 끼치기도 하지만 그래도 어쨌든 꽃만큼은 놀랄 만큼 아름답다.

12

다재다능한 식물
호리록로즈

Cistus × incanus

1930년대에 영국 엡섬의 오스카 워버그(Oscar Warburg) 경은 키스투스속(*Cistus*) 식물들은 '사람으로 치면 부부 관계에 대한 개념이 취약하다'라며 다소 선정적인 표현으로 글을 썼다. 이 식물 무리에 속하는 종을 가능한 많이 살펴보면 이 점이 더욱 분명해진다. 그 대부분은 지중해 지역에서 왔으며 어떤 정원에서든 쉽게 자란다.

오늘날 큐 왕립 식물원에는 무척 많은 과학 연구 센터와 수집품이 갖춰져 있어 이곳의 원래 설립자 오거스타 공주(1719~1772)가 봤다면 깜짝 놀랄 정도다. 예컨대 이 식물원에는 균류 전시관이 있는데, 여기서는 식량과 의약품을 제공하는 균류의 중요성과 생태계에서 균류가 담당하는 필수적인 역할을 전시를 통해 보여준다.

균류가 이렇게 성공을 거둔 이유 중 하나는 다른 종들과 상호작용하는 능력이다. 한 에가 페리고 송로버섯으로 더 잘 알려진 투베르 멜라노스포룸(*Tuber melanosporum*)과 키스투스속 식물인 호리록로즈(hoary rock-rose)의 상호 연관성이다. 호리록로즈는 이 송로버섯과 공생 관계를 맺는 능력이 있으며 그래야만 특정 영양분을 얻을 수 있다. 균류와 식물의 이 동맹 관계는 자연에서 처음 확인되

었고, 송로버섯 재배장에서 종균을 접종하는 호리록로즈 어린나무를 통해 재현되고 있다. 그래서 이곳에서는 호리록로즈와 (전통적으로 송로버섯의 성장을 촉진시키는) 다양한 종류의 참나무를 이용해 눈이 튀어나올 만큼 비싼 페리고 송로버섯을 꽤 많이 재배할 수 있었다. 이러한 현대적인 형태의 송로버섯 재배법이 등장하면서, 이제 전문 묘목장에서 호리록로즈를 비롯해 송로버섯 종균을 미리 접종한 묘목을 구입할 수 있게 되었다.

여기서 그치지 않고 호리록로즈는 못하는 게 없는 위대한 식물로 거듭났다. 고대 그리스 신화에 따르면 올림포스산에 모인 신들은 각각의 식물에 어떤 특성을 부여할지를 논쟁을 벌여 결정한다. 몇몇 신들은 호리록로즈가 목숨이 위태로운 전사들의 상처를 치료하는 데 알맞다고 주장했다. 하지만 몇몇 어신들은 이 식물에서 외모를 아름답게 만들 특성만을 찾아낼 따름이었다. 결국 이견이 좁혀지지 않아 이 식물은 치료제는 물론 화장품의 성질까지 모두 받았다. 여기에 새로운 과학적인 응용법이 더해지며 아주 맛 좋은 버섯을 키워내는 힘까지 갖춘 호리록로즈는 오늘날 누가 봐도 감탄을 자아내는 식물이다.

13

행운과 영감의 원천
유럽은방울꽃

Convallaria majalis

꽃에 관한 민담과 설화를 톺아보면 은방울꽃만큼 행운을 가져오는 꽃도 흔치 않다. 그래서인지 프랑스의 유명한 패션 디자이너 크리스티앙 디오르(Christian Dior, 1905~1957)는 자신이 가장 좋아하는 꽃이자 영감의 원천, 행운을 가져오는 매력적인 꽃으로 은방울꽃을 꼽았다. 그리고 그 마음을 평생 바꾸지 않았다.

유럽은방울꽃은 면 옛날부터 유럽 대부분의 지역에서 야생으로 자라나던 식물이다. 이 식물의 모든 부분이 매우 강한 독성을 보이는데도 사람들은 일찌감치 정원에 심기 시작했다. 이 꽃의 진한 향은 오랜 시간 많은 사람의 사랑을 받았으며 이 사실은 세월이 지나도 변하지 않았다.

은방울꽃이 주는 의학적인 효능에 대해서 언급한 사람은 독일의 신학자이자 식물학자인 오토 브룬펠스(Otto Brunfels, 1488~1534)였다. 브류펠스는 1530년에 펴낸 《약초의 생생한 이미지들(Herbarum vivae eicones)》이라는 책에서 이전의 약초 재배자들이 은방울꽃의 효능에 대해서는 '마치 물고기처럼 조용했다'라고 언급했다. 하지만 르네상스 시대인 1544년에 의사 피에트로 안드레아 마티올리(Pietro Andrea Mattioli, 마티올라*Matthiola*라는 식물의 한 속명은 그의 이름을 따서 지어졌다)에 따르면 은방울꽃으로 만든 증류수에 라벤더와 로즈메리를 한 꼬집 넣으면 '아쿠아 아우레아', 즉 금빛 물을 만들 수 있다고 설명했다. 이 용액은 금이나 은 용기에 보관될 만큼 무

척 귀중하게 여겨졌고 두통이나 히스테리, 기절 증상을 치료한다고 여겨져 매우 수요가 많았다.

예전부터 은방울꽃을 부르는 일반명은 꽤 많은데, 그중 내가 개인적으로 좋아하는 것은 엘리자베스 시대에 통용되었던 '릴리콘팡시(lilliconfancie)'이다. 그보다 더 오래되었으며 프랑스어 '뮈게(muguet)'에서 유래한 '머겟(mugget)'이라는 이름도 있다. 이 꽃을 매우 중요하게 여기는 프랑스에서는 매년 5월 1일에 '라 페트 뒤 뮈게'라는 은방울꽃 축제를 연다. 이 전통은 1561년의 그날에 이 꽃을 받았던 샤를 9세(Charles IX)로 거슬러 올라간다. 왕은 은방울꽃이 무척 마음에 든 나머지 매년 꽃다발을 만들어 자기 궁정의 여인들에게 주었고 앞으로 이 꽃이 매년 5월 1일의 공식 식물이 될 것이라고 선언했다.

5월 1일에 사람들은 가장 가깝고 소중한 사람에게 다가오는 한 해에 기쁨과 행운을 가져다주고자 은방울꽃을 선물한다. 이날에는 사람들이 아침 일찍 일어나 숲에 가서 꽃을 꺾는 모습이 종종 보인다. 그래서인지 은방울꽃은 '돌아온 행복'이라는 꽤 잘 어울리는 꽃말을 지녔다. 그뿐만 아니라 이 축제일에는 젊은 독신 남녀들이 부모의 간섭 없이 서로 만날 수 있는 은방울꽃 무도회가 성황리에 열린다. 무도회에서 여성들은 흰옷을 입고 남성들은 옷 단춧구멍에 이 꽃을 꽂는다.

디자이너 크리스티앙 디오르 역시 모델들이 무

대에서 옷에 별나게 생긴 부토니에라는 장식을 달 듯, 자신의 단춧구멍에 이 꽃을 자주 끼우곤 했다. 디오르가 은방울꽃을 봄철마다 지속적으로 공급 받을 수 있도록, 전속 플로리스트였던 마담 폴 드 드방(Paule Dedeban)은 유리 온실에서 이 식물을 일 년 내내 재배했다. 게다가 미신을 믿기로 유명했 던 디오르는 전속 점성술사 마담 들라에(Delahaye) 를 고용해 새로운 컬렉션을 출시하거나 중요한 결 정을 내리는 과정에서 가장 상서로운 날짜를 고르 도록 했는데 그 날짜는 항상 짝수가 되어야 했다. 디오르는 언제나 자신에게 행운을 가져다줄 물건 들을 한꺼번에 몸에 지니고 다녔는데, 그중에는 금 조각, 작은 나무 조각, 네잎 클로버를 비롯해 은방 울꽃이 핀 줄기가 빠지지 않았다. 전통에 따라 5월 의 첫째 날이 되면 디오르는 자신의 모든 고객과 직원들에게 이 꽃을 나눠주었다.

그리고 이 꽃을 좋아했던 디오르의 취향은 그의 디자인에도 영감을 주었다. 은방울꽃은 인쇄나 자 수를 통해 직물에 모습을 드러냈다. 그뿐만 아니라 디오르는 이 식물의 잎이나 꽃무늬로 모자나 장신 구를 장식했다.

자서전에서 디오르는 이렇게 말했다. "1954년 봄에 나는 젊음과 우아함, 단순함을 전부 갖춘 내 행운의 꽃인 은방울꽃에서 영감을 받아 하나의 상 품 라인을 발표했다." 은방울꽃은 디오르의 제품 을 판매하는 '하우스 오브 디오르'의 상징이 되었 고, 이 꽃은 나중에 행운의 매력을 향기에 더하는 디오르만의 독자적인 향수 중 하나인 '디오리시 모'를 만드는 데도 영향을 줬다. 보다 최근인 2023 년에는 디오르를 기리고자 만들어진 섬세한 은방 울꽃 테이블웨어 컬렉션이 선을 보였다.

디오르의 아틀리에인 '르 프티 망(Les petite mains, 작은 손들)'의 고도로 숙련된 재봉사들은 쿠튀르 드 레스의 밑단에 이 꽃의 가지를 섬세하게 붙여 디 자인에 생기를 불어넣는 특별한 '손길'을 더했다. 이 '작은 손들'은 패션쇼의 마지막에 런웨이에 등 장하곤 했다.

크리스티앙 디오르는 1957년 10월에 세상을 떠 났고, 다음 달 치러진 장례식에서 디오르의 관은 온실에서 자란 은방울꽃으로 뒤덮였다. 이것은 디 오르에게 영원한 봄을 떠올리게 하는 꽃이자, 마담 드드방이 그에게 마지막으로 바친 꽃이기도 했다.

14

철도를 따라간 말의 정령들
코스모스

Cosmos bipinnatus

매년 3월에서 4월, 몇 주의 짧은 기간에 걸쳐 남아프리카공화국 요하네스버그에 자리한 약 260에이커 넓이의 델타 공원에 키가 최대 1.2미터에 달하는 코스모스의 한 종류인 코스모스 비핀나투스(*Cosmos bipinnatus*)가 꽃을 피운 모습은 그야말로 장관이다. 그런데 더욱 놀라운 사실은 이 꽃의 원산지가 사실 멕시코와 남아메리카라는 점이다. 어떻게, 그리고 왜 이 식물은 남아프리카에서 이렇듯 명물로 거듭나게 되었을까?

코스모스속에 대해 처음 정립한 것은 1791년 스페인의 사제이자 식물학자였던 안토니오 호세 카바니예스(Antonio José Cavanilles, 1745~1804)였다. 카바니예스의 정원은 코스모스 비핀나투스를 포함한 이국적인 식물들을 갖추어 명성을 얻었다. 이 식물은 1798년 마드리드에서 영국으로 건너왔지만, 당시에는 그렇게 성공적으로 번식하지 못하다가 19세기 후반에 들어서야 교배종들에 의해 진정한 잠재력이 발견되었다.

이 시기에 남아프리카공화국에서는 영국이 아프리카어를 사용하는 보어족 농부들이 점령하던 땅을 빼앗으려고 시도하는 과정에서 1899년에 제2차 보어 전쟁이 발발했다. 처음에 이 전쟁은 금방 끝날 것이라 예상되었지만 실제로는 영국인들이 여러 문제에 직면하면서 3년이나 지속되었다. 평소에 안정적으로 먹이를 공급받던 영국의 말들은 낯선 환경에 적응하기 어려웠다. 여기에 비해 보어족은 이 지역에 익숙할 뿐 아니라 여기서 무성하게 자라는 들판의 거친 풀을 즐겨 먹는 토착종인 바수토 조랑말을 탔다. 전쟁이 진행되면서 말 부족은 심각한 문제로 비화했고, 영국인들은 미국과 아르헨티나, 스페인, 이탈리아, 헝가리 등지로 가서 말과 노새를 사 와야 했다.

그렇게 말의 수가 크게 늘어나자 당연히 먹이는 이전에 비해 부족해졌고, 영국군은 아르헨티나에서 사료를 수입하기 시작했다. 이때 사료를 실은 짐짝에 코스모스 씨앗이 숨어들었고, 이 씨앗이 철도와 도로를 따라 아프리카 대륙 내부까지 운송되었다.

마침내 1902년에 전쟁이 끝나자 그동안 죽은 말이 30만 마리는 된다는 사실이 알려졌는데 이는 전례 없는 손실이었다. 이렇듯 전쟁은 다양한 결과를 가져왔지만 그중에는 예상 밖의 긍정적인 것도 있었다. 도로와 철도 노선, 오래된 전쟁터를 따라 몰래 숨어든 수많은 코스모스 씨앗이 싹을 틔우기 시작했던 것이다. 이후로 이 꽃은 점점 퍼져나갔고, 20세기 초에 목장이었던 델타 공원에는 수많은 코스모스가 빼곡하게 꽃을 피우게 되어 이제 전 세계에서 관광객과 사진작가들을 끌어들이는 중이다.

15

박물학의 젊은 순교자
애기범부채

Crocosmia × crocosmiiflora

내가 매우 좋아하는 애기범부채속(*Crocosmia*)의 밝은 오렌지색 꽃은 역사적으로 정원사들이 화단 가장자리에 배치하기에는 지독히 골치 아픈 식물이었다. 정원사들은 양묘장 카탈로그의 페이지에서 이 꽃을 발견하면 '천박하다'거나 '저속하다'고 중얼대며 빠르게 뒤로 넘기곤 했다. 하지만 최근 몇 년 동안 이런 꽃을 화단 주위에 심는 방식이 유행하면서, 한때 조롱거리였던 애기범부채를 비롯해 불타는 듯한 붉은색의 사촌 꽃들의 입지가 회복되었다. 이제 이 꽃들은 밝은 노란색의 루드베키아나 관능적인 주홍빛의 달리아 옆에서 당당히 한 자리를 차지하고 있다.

연한 오렌지색의 꽃을 피우는 애기범부채는 독일의 박물학자이자 탐험가인 빌헬름 페터스(Wilhelm Peters, 1815~1883)가 1846년경 남아프리카에서 처음 채집했고, 그는 이 식물을 베를린의 식물원으로 보냈다. 1870년대에는 영국 에든버러 근처 래스웨이드의 페테스 마운트에서 조지 호닝턴 포츠(George Honington Potts)가 남아프리카에서 탁송된 짐을 맡게 되었는데, 이 짐 속에 끄트머리가 적갈색인 선명한 오렌지색 꽃과 우아한 수상 꽃차례를 보이는 이 식물의 둥근 땅속줄기도 들어 있었다. 그로부터 몇 년 뒤 포츠는 바덴바덴 출신의 원예가이자 잡종 교배자인 막시밀리안 라이히틀린(Maximilian Leichtlin, 1831~1910)을 포함한 다양한 사람들과 단체에 자신이 키워낸 식물을 아낌없이 나눠

주었다. 1877년에는 이 식물에는 크로코스미아 포트시이(*Crocosmia pottsii*)라는 이름이 붙었다.

그리고 3년 뒤인 1880년 8월,《가든 매거진(The Garden Magazine)》은 프랑스 낭시의 유명한 육묘장 재배자인 빅토르 르무안(Victor Lemoine)이 만든 새로운 잡종에 관해 실었다. 이 잡종은 크로코스미아 포트시이와 크로코스미아 아우레아(*Crocosmia aurea*)를 교배한 결과물이었는데 르무안은 몬트브레티아 크로코스마이플로라(*Montbretia crocosmaeflora*)라는 학명을 제안했다. 기존의 종에서 만들어진 이 몬트브레티아는 오랜 세월 담보 상태에 빠졌던 식물학계에 불어닥친 하나의 돌풍이었다. 이 속명은 재능 있는 프랑스의 식물학자이자 채집가였던 앙투안 프랑수아 에르네스트 코크베르 드 몽브레(Antoine François Ernest Coquebert de Montbret)의 이름을 따서 지어졌다. 프랑스에는 약용 징원으로 1626년에 실립된 킹스 가든이 있었는데 몽브레는 12세부터 이곳에서 자연사를 공부했다. 이 시기에 몽브레는 나중에 '분류학(taxonomy)'이라는 단어를 처음 제안한 스위스 출신의 또 다른 신진 식물학자 오귀스탱 피라뮈스 드 캉돌(Augustin Pyramus de Candolle)과 단짝이 되었다.

17세에 몽브레는 나폴레옹 보나파르트(Napoleon Bonaparte, 1769~1821)의 군대와 동행하는 박물학자의 조수가 되었다. 1798년 당시 나폴레옹은 불행의 연속이었던 이집트 원정 길에 나선 상황이었다. 도

착하자마자 몽브레는 식물을 채집하기 시작했고, 그 지역의 식물상을 기록했다. 이후 몽브레는 나폴레옹이 카이로에 세운 이집트 연구소의 첫 번째 사서로 임명되었다. 이때 몽브레는 아버지로부터 편지를 한 통 받았다. "나는 네가 앞으로 더 인정받는 사람이 되기를 바란단다. 평생에 걸쳐 친구도 많이 사귀었으면 하고 말이다." 여기에 대해 몽브레는 이렇게 답신을 보냈다. "여기서 식물을 연구하는 건 나름 위험이 따르는 일이죠. 하지만 박물학의 순교자를 자처하는 사람이라면 여기보다 더 적합한 장소도 없을 겁니다."

안타깝지만 몽브레에게 그 '위험'은 너무나도 현실적으로 다가왔다. 1801년 4월, 프랑스군이 카이로에서 피신하던 마지막 날, 일행이 프랑스로 돌아가는 배에 탑승하는 동안 몽브레는 스무 살의 어린 나이에 페스트로 세상을 떠났다. 이후 1803년 드 캉돌은 자신의 친구를 기리기 위해 몬트브레티아(*Montbretia*)라는 속명을 발표했다. 하지만 그가 어떤 식물에 이 이름을 붙였는지는 확실하지 않다.

르무안이 교배한 몬트브레티아 크로코스마이

플로라는 매우 인기가 좋았다. '좋은 레스토랑에서 훌륭하고 맛 좋은 식사를 하기에 충분한 액수'였던 약 6프랑에 팔릴 정도였다. 이후 르무안은 광범위한 이종교배 실험에 착수했고 마침내 자신의 교배종에 크로코스미아 × 크로코스미이플로라(*Crocosmia* × *crocosmiiflora*)라는 새로운 이름을 확정 지었다. '크로코스미아속 식물을 크로코스미아 비슷한 꽃과 교배했다'는 뜻이었는데, 실제로도 그렇게 만들어졌다.

하지만 몬트브레티아라는 이름이 크로코스미아로 대체되어 사라진 지 한참이 지난 뒤에도 아직 몬트브레티아는 진짜 속명인 것처럼 다소 잘못된 방식으로 오용되고 있다. 많은 이들이 여전히 일상적으로 그 이름을 쓰고 있으며 나 또한 마찬가지다. 물론 이런 관습은 누구보다 전도유망하고 열정적이었던 젊은 식물학자 몽브레를 오래 기억하는 데 어느 정도 도움이 될 것이다.

여왕이 아닌 아내의 이름으로
패랭이꽃

Dianthus 'Mrs Sinkins'

패랭이꽃과 카네이션의 차이는 무엇일까? 사람들이 이 질문을 자주 던지는 이유는, 당연히 두 꽃이 꽤나 비슷하기 때문이다. 여기에 대해 간단하게 답하자면, 일단 둘은 각각 다른 종에서 비롯했다. 패랭이꽃은 동유럽의 디안투스 플루마리우스(*Dianthus plumarius*)와 패랭이꽃속의 또 다른 종을 교배해 만들어졌지만 카네이션은 디안투스 카리오필루스(*Dianthus caryophyllus*)에서만 비롯했다. 또 디안투스라는 속명은 신성한 것을 뜻하는 그리스어 단어 'dios'와 꽃을 의미하는 단어 'anthos'에서 비롯한 이름이다.

16세기 후반의 정원사이자 식물에 대한 글을 쓰던 작가 존 제라드는 디안투스 '미세스 싱킨스'(*Dianthus* 'Mrs Sinkins')의 잎이 마치 깊숙이 잘려 나간 깃털을 연상시킨다고 생각해 이 종에 '깃털이 달린 패랭이꽃'이라는 뜻을 지닌 플루마리우스(*plumarius*)라는 종명을 붙였다. 정향과 비슷한 독특한 향신료의 냄새를 풍기는 이 식물은 12세기부터 사람들에게 알려졌지만 잠깐 유행했다가도 다시 인기가 떨어지며 정원의 조연으로 밀려났다. 원예가 존 리(John Rea, 1605~1677)에 따르면 이 꽃은 '넓은 정원에서 이곳과 저곳의 경계를 표시하는 역할 정도만 담당할 뿐'이었다.

그렇게 시간이 흘러 1780년대가 된 이후에야 이 패랭이꽃은 원예업계에 다시 받아들여져 튤립, 아네모네, 카네이션, 히아신스, 폴리안서스, 라넌큘러스, 오리쿨라처럼 인기가 많은 꽃 대열에 합류했다.

꽃집에서 플로리스트들이 파는 다른 꽃들과 마찬가지로, 이 패랭이꽃은 원래 노동자들의 식물이었다. 영국 북부의 광부들이나 스코틀랜드 페이즐리의 방적공들이 여가 시간에 가꾸었던 것이다. 매년 열리는 축제에서 정원용 쇠스랑, 삽, 모종삽이 상품으로 주어진다는 점을 보면 정말 이 취미가 노동자 계급의 것이었음을 알 수 있다.

존 싱킨스(John Sinkins)도 이런 열정적인 플로리스트 가운데 한 사람이었다. 패랭이꽃에 특히 애착을 보였던 싱킨스는 원래 버크셔 슬라우에 자리한 이튼 구빈원의 원장이었다. 싱킨스의 아내 캐서린(결혼 전 성은 로Rowe)은 구빈원에서 수간호사로 일했다. 1860년대 후반, 싱킨스는 이곳에서 기분 좋은 향기를 뿜고 가장자리가 톱니 모양인 하얀색 패랭이꽃을 길렀다. 엄밀히 말하면 이 꽃은 꽃받침이 약해서 잘 찢어지는 통에 꽃잎의 균질함이 곧잘 사라지고 어수선한 분위기가 났기 때문에 원예가들이 선호할 만한 꽃은 아니었다. 하지만 이 꽃은 사람을 매혹하는 향기와 함께 1930년대 파리의 뮤직홀 폴리 베르제르의 댄서들이 입던 호화로운 가는 깃털로 만든 의상을 떠올리게 하는 아름다움을 지녔다.

결국 이국적인 분위기를 지닌 이 꽃에 대한 소문은 삽시간에 퍼졌고, '플로리스트들의 왕'이라는 별명을 가진 슬라우 왕립 육묘원의 찰스 터너 (Charles Turner)는 싱킨스에게 이 식물을 팔라고 부탁했다. 이 꽃에 '빅토리아 여왕'이라는 이름을 붙일까 생각하던 싱킨스는 그 제안을 듣고 이 꽃에 자신의 아내 싱킨스 부인을 기리는 '미세스 싱킨스'라는 이름을 붙인다면 식물을 팔겠다고 응했다. 이 꽃은 1880년 왕립 원예 협회가 주최한 쇼에서 큰 찬사를 받으며 처음으로 전시되었고, 이후 여러 해에 걸쳐 잘 꾸민 최고의 정원에서 결코 빠질 수 없는 꽃으로 자리매김했다. 구빈원 출신의 꽃이 어느새 시골집으로 옮겨간 것이다.

이후 아내 캐서린 싱킨스는 1917년에, 남편 존 싱킨스는 1926년에 사망했다. 그로부터 12년 뒤엔 1938년에 슬라우는 자치구가 되었고 이 지위에 걸맞은 새로운 상징과 문장이 필요해졌다. 그리고 슬라우 군인들의 갑옷에 들어가는 상징은 '흰 패랭이꽃을 부리에 문 백조가 미끄러져 지나가는 모습'으로 결정되었다. 1974년 슬라우가 버크셔에 편입되고 '미세스 싱킨스' 꽃이 이 지역의 광범위한 원예 역사의 한 페이지가 되기 전까지, 이 백조는 버킹엄셔 카운티의 상징이었다.

자신들이 살던 도시가 이렇게 싱킨스가 좋아하던 아름다운 꽃을 기렸다는 사실을 알았다면 부부는 정말 기뻐하지 않았을까?

일찍이 1623년부터 '플로리스트'라는 단어는 순전히 아름다움을 즐기고자 특정한 꽃을 가꾸는 사람들을 가리키는 말로 처음 사용되었다. 당시의 플로리스트들은 카운티 전역의 대중 술집에서 열린 '플로리스트의 축제' 또는 '패랭이꽃 축제'에 자기 꽃들을 전시했다. 출품작에 걸린 유일한 제한이 있다면 효용성보다는 미적인 기준을 충족하는 꽃을 골라야 한다는 것뿐이었다. 흥미롭게도 플로리스트들이 고른 꽃은 오리큘라가 그렇듯 창문턱에 놓인 작은 테라코타 화분에 키우는 식물이거나, 오두막집의 정원처럼 넓은 공간이 필요하지 않은 식물인 경향이 있었다. 존 파킨슨 역시 1629년에 저서 《태양의 천국, 지상의 천국(*Paradisi in Sole Paradisus Terrestris*)》에서 '플로리스트'라는 용어를 여러 번 사용한 바 있다. 하지만 이 단어에 대한 현대적인 용법은 '절화(자른 꽃) 산업에 종사하는 사람들'이다. 영향력 있는 원예 저널리스트였던 존 클로디어스 라우던(John Claudius Loudon, 1783~1843)이 1822년에 이러한 용법으로 이 단어를 처음 사용했다.

17

보상받지 못한 신의
꽃무

Erysimum cheiri, Cheiranthus × cheiri(이명)

1829년, 윌리엄 코벳(William Cobett, 1763~1835)은 꽃무라는 식물이 '오래된 벽을 비롯해 어떤 벽에서도 잘 자라는 데다, 어디서 발견되든 아름다운 모습을 보여준다'는 점에 감탄을 금치 못했다. 영어권 일반명이 '벽꽃'이라는 의미의 월플라워(wallflower)인 이 식물은 정말로 벽에서 잘 자란다. 이 식물의 씨앗은 1066년 이후로 영국에 자신의 성을 지으려던 노르망디의 윌리엄 1세(William I, '정복왕'이라고도 불림)가 프랑스 캉 지역에서 가져온 석회석과 함께 도착했다고 알려진다. 어쩌면 '손꽃'이라는 뜻을 지닌 이명 '케이란투스(*Cheiranthus*)'가 더 어울리는 속명일지도 모른다. 향기로운 꽃으로 작은 다발을 만들어 코에 가까이 대고 불쾌한 주변 냄새를 지우려 할 때 종종 쓰이는 식물이었기 때문이다(꽃무의 향은 제비꽃과 비슷하다고 일컬어진다).

그리스의 의사 페다니우스 디오스코리데스(Pedanius Dioscorides, 기원후 40~90)는 여러 식물 가운데서도 노란 꽃무야말로 약용으로 가장 적합하다고 했고, 1737년 스코틀랜드의 식물 삽화가 엘리자베스 블랙웰(Elizabeth Blackwell, 결혼 전 성은 블래크리Blachrie, 1707~1758)이 처음으로 이 꽃의 특성이며 약효에 대해 자세하게 묘사하고 설명했다.

꽃무의 꽃말은 불행 속의 충성심이다. 삽화가 엘리자베스는 곧 충실함과 불행이 어떤 것인지를 알게 되었다. 그녀의 남편인 알렉산더는 사업에 손을 대는 족족 실패의 늪에 빠져 2년 동안 채무를 갚지 못한 혐의로 감옥에 갇히는 등 그야말로 형편없는 남자였다. 그러는 동안 엘리자베스는 가족을 부양하기 위해 당시 런던의 첼시 피직 가든에 자라는 식물들의 약효를 기록하고 아름다운 그림을 곁들인《진기한 약초(A Curious Herbal)》를 펴냈다. 이후 1737년에서 1739년 사이에는 왕립 외과 협회의 승인을 받아, 자신이 직접 그려 색칠하거나 판화로 찍어낸 500여 개의 삽화를 넣어 저서의 내용을 매주 조금씩 나누어 발행했다.《진기한 약초》덕분에 엘리자베스는 남편을 감옥에서 빼낼 만큼 돈을 충분히 벌었다. 하지만 알렉산더는 즉시 악의 구렁텅이에 다시 빠져 스웨덴으로 도망쳤고 1748년에는 국가의 왕위 승계를 방해하는 음모를 꾸몄다는 혐의로 처형되었다.

비록 엘리자베스가 보인 남편에 대한 신의와 충실은 결코 보상받지 못했지만 그녀의 저서는 사람들의 찬사를 받았다. 원래 책의 내용을 더 보충해 독일어와 라틴어 판본으로 펴낸《블랙웰의 약초 책 확장판(Herbarium Blackwellianum Emendatum Et Auctum)》은 식물학자 린네도 관심을 보일 정도였고, 린네는 이따금 엘리자베스를 라틴어식 애칭으로 '보타니카 블랙웰리아'라고 부르기도 했다. 이런 성과는 엘리자베스의 마음에 어느 정도 평안함을 선사했을 것이다.

18

공작 부인을 위한 완벽한 문장
캘리포니아양귀비

Eschscholzia californica

16세기 초에 누구보다도 먼저 캘리포니아 지역 산허리의 황금빛 풍경을 보았던 스페인의 선원들은 이곳을 '불의 땅'이라고 불렀다. 이곳에는 그동안 사람들의 눈에 띄지 않았지만 금영화속(*Eschscholzia*) 식물들이 무성하게 자라 있었다.

이 식물, 캘리포니아양귀비의 불타는 듯한 오렌지색 꽃은 '코파 델 오라'라는 별명을 얻었는데 이는 스페인어로 '황금 컵'이라는 뜻이다. 이 별명은 캘리포니아양귀비의 오렌지색 금빛 꽃잎이 금으로 주변 땅을 가득 채웠다는 전설에서 비롯했다. 사실 이 전설은 제법 그럴싸한 예언이기도 했는데, 1850년대에 캘리포니아에서 골드러시(19세기에 캘리포니아 등지에서 금이 발견되며 개척민들이 한꺼번에 몰려든 현상-옮긴이)가 나타나고서야 비로소 사람들은 그 사실을 깨달았다.

하지만 캘리포니아 원주민들은 이 식물이 부여주는 약재와 식재료의 특징에 더 관심이 많았다. 초록색인 부분은 채소로 먹을 수 있었고 삶거나 찌면 순한 진정제가 되었으며, 꽃가루는 미용 재료로 쓰였다.

이후 1792년에는 영국 군함 디스커버리호에서 일하는 외과 의사이자 박물학자인 아치볼드 멘지스(Archibald Menzies, 1754~1842)가 이 식물에 대한 공식적인 기록을 남겼다. 멘지스는 평소 선원들의 건강을 살피면서 틈이 날 때마다 과학자이자 탐험가, 식물학자인 조지프 뱅크스 경(Sir Joseph Banks,

1743~1820)에게 보낼 식물 표본을 모았다. 캘리포니아양귀비의 씨앗을 채집해 나중에 큐 왕립 식물원에 가져가기도 했다. 하지만 이 씨앗에서 싹을 틔운 몇 안 되는 식물은 계속 재배되지 못하고 건조되어 표본첩에만 남았다.

그다음으로 캘리포니아양귀비가 등장한 것은 20년 넘게 지난 1816년의 일이었다. 독일의 멋쟁이 시인이자 식물학자인 아델베르트 폰 샤미소(Adelbert von Chamisso, 1781~1838)는 러시아 로마노프 왕조의 탐험대와 함께 태평양 연안으로 떠났다. 여기서 샤미소는 이 식물을 채집해 이후 실물 크기의 채색 삽화를 곁들여 표본에 대해 묘사한 도감을 출판했다. 그리고 탐험대의 동료인 프로이센의 박물학자 요한 프리드리히 에슈숄츠(Johann Friedrich Eschscholtz, 1783~1831)의 이름을 따서 이 식물의 속명을 붙였다. 철자법은 특기가 아니었는지 동료의 이름에서 t를 빼먹었지만 말이다. 그에 따라 엄격하기 그지없는 식물 명명법의 세계에서 금영화속(*Eschscholzia*)은 철자 실수가 가장 두드러지는 이름으로 남았다. 또 1826년에 샤미소는 자신 역시 씨앗을 만족스럽게 키워내지 못했다고 보고했다.

이렇게 그동안 식물학자들에게만 알려져 있던 식물인 캘리포니아양귀비는 런던 원예 학회에 고용되어 일하던 스코틀랜드의 식물학자 데이비드 더글러스(David Douglas, 1799~1834, 127페이지 참조) 덕분에 보다 많은 대중에게 소개될 수 있었다. 더글러스는 1820년대 후반에 캘리포니아 근방을 방문 했다가 이전에 멘지스가 이곳의 식물상을 조사했 다는 사실을 알게 되었다. 지역 사회의 노인들 가운데 몇몇은 '사람들의 팔다리를 자를 뿐 아니라 여기저기 풀을 모으고 다녔던 붉은 얼굴의 남자' 아치볼드 멘지스를 기억했다.

그러다 1903년 캘리포니아주에서 공식적으로 주를 대표하는 꽃으로 지정하면서, 캘리포니아양 귀비는 마침내 마땅히 받아야 할 인정을 받았다. 그리고 유럽인들이 아메리카 대륙 서쪽 해안선을 따라 황금빛 실안개를 처음으로 목격한 지 수 세 기가 지나, 이 꽃은 영국의 가문 문장 속에 예기치 않게 다시 모습을 드러냈다. 2018년 캘리포니아 태생의 배우이자 활동가, 인도주의자인 메건 마클 (Meghan Markle, 1981~)이 영국의 왕위 계승 서열 5위 인 해리 왕자와 결혼했을 때였다.

전통에 따라 해리 왕자와 메건은 각각 서식스 공작과 공작 부인이라는 칭호를 얻었고 새로운 문 장이 만들어져 수여되었다. 공작 부인의 문장을 살펴보면 먼저 방패의 절반에는 부인이 물려받은 유산과 관심사가 표현되어 있다. 파란색 배경은 캘리포니아 해안에 면한 태평양을 나타내며, 방패 를 대각선으로 가로지르는 두 개의 황금빛 광선은 공작 부인의 고향을 비추는 햇빛을 상징한다. 그 리고 방패 아래의 풀밭에는 이 지역에 부유함을 선사한 황금을 나타내는 캘리포니아양귀비가 늘 어서 있다.

그뿐만 아니라 결혼식 날, 서식스 공작 부인이 된 메건은 53개 영연방 국가들의 나라꽃, 그리고 캘리포니아양귀비가 수놓인 약 4.8미터의 실크 튤 베일을 착용했다.

학명의 철자에 대해 덧붙이자면, 한때 작가이자 정원사인 제임스 셜리 히버드(James Shirley Hibberd, 105페이지 참조)가 애석한 어투로 이렇게 말한 적이 있다. "에슈숄츠의 무덤에 평화가 깃들기를, 그에 대한 기억에 명예가 깃들기를 기원한다. (…) 그리고 그의 이름이 앞으로는 언제까지고 정확한 철자로 적히기를 바란다." 안타깝지만 힘들 것 같다!

19

모자 상자를 타고 영국에 오다
유포르비아 아미그달로이데스

Euphorbia amygdaloides var. Robbiae, Euphorbia Robbiae(이명)

결혼식에 참석했다가 새로운 종의 식물을 가지고 집에 돌아오는 사건은 한 사람의 인생에서 거의 일어날 법하지 않은 일이다. 하지만 영국의 식물학자이자 큐 왕립 식물원의 통신원이었던 메리 앤 롭(Mary Anne Robb, 1829~1912)에게 바로 이런 일이 벌어졌다.

메리 앤 롭은 버밍엄 출신 제조업자이자 공학자, 그리고 달에 대한 연구를 지원하던 루나 소사이어티의 열성 회원인 매슈 불턴(Matthew Boulton, 1728~1809)의 손녀였다. 불턴은 제임스 와트가 선구적으로 증기 기관을 도입하는 데도 중요한 역할을 했다. 손녀 역시 할아버지의 진취적인 성격을 물려받았을 것이다.

1891년, 롭은 친구의 결혼식 참석차 그리스 여행길에 올랐는데 그 과정에서 튀르키예에 들렀다. 고향으로 돌아오는 길에 롭의 마차는 이스턴불 교외의 숲이 우거진 지역을 통과했고, 그곳에서 키가 크고 꽃차례가 멋진 대극속(*Euphorbia*) 식물을 발견했다. 롭은 가이드에게 이 식물을 캐서 표본을 만들어달라고 부탁했지만 뿌리째 식물을 뽑고 보니 막상 놓을 곳이 없어서 결혼식에 참석할 때 쓴 화려한 보닛이 든 상자에서 내용물을 꺼내고 영국까지 안전하게 돌아가기를 바라며 조심스레 식물을 넣었다.

롭이 채집한 식물은 유포르비아 아미그달로이데스(*Euphorbia amygdaloides*)의 야생종이었다. 사철 푸르른 여러해살이풀이며, 종종 붉은색을 띠고 황록색 꽃 아래에는 받침 접시 같은 포엽이 놓인다. 롭의 표본은 노란색에 라임색의 초록빛 포엽을 갖고 있어서 굉장히 매력적이었고 처음부터 눈길을 잡아끌었다.

집에 돌아온 롭은 유포르비아가 지표면을 덮으며 자라는 지피식물로 건조한 그늘에서 잘 자란다는 사실을 알고 있었기에 재배에 성공했다. 그리고 거트루드 지킬, 윌리엄 로빈슨을 포함한 주변의 원예가 지인들에게 이 식물을 나눠주었다. 롭의 친구 중에는 당시 박식하고 솜씨 좋은 정원사로 손꼽히던 에드워드 오거스터스 '거시' 보울스(Edward Augustus 'Gussie' Bowles, 1865~1954)도 있었는데, 그는 미들섹스의 마이들턴 하우스에 훌륭한 정원을 꾸며 친시를 받았다. 그리고 유포르비아 아미그달로이데스가 영국에 처음 들어오게 된 과정을 알게 된 거시는 즉각 이 식물에 '롭의 보닛'이라는 별명을 붙였다.

이 종은 원래 유포르비아 로비아이(*Euphorbia robbiae*)라고 불렸지만, 1975년에 품종 지위를 부여받았고, '롭의 보닛'(*Euphorbia amygdaloides var. Robbiae* 'Mrs Robb's bonnet')이라고 불리게 되었다. 롭이 이 사실을 알았다면 누구보다도 만족스럽게 여겼을 것이다.

20

골짜기의 찬란한 황금 종들
서양개나리

Forsythia × intermedia

1784년 스웨덴의 식물학자 칼 툰베리(Carl Thunberg, 1743~1828)는 《일본의 식물상(Flora Japonica)》에서 일본에 서식하는 개나리속 식물 포르시티아 수스펜사(*Forsythia suspensa*)를 처음으로 확인하고 겉모습이 비슷하다는 이유로 수수꽃다리와 라일락이 있는 수수꽃다리속(*Syringa*)에 포함시켰다. 하지만 코펜하겐 대학의 식물학 교수인 마르틴 발(Martin Vahl, 1749~1804)은 이 식물을 직접 본 후 라일락 종류는 아니라는 결론을 내렸고 1804년에 개나리속(*Forsythia*)이라는 새로운 속을 만들어 이 종을 여기에 넣었다. 이후 포르시티아 수스펜사는 1833년에 네덜란드에 상륙했지만 영국에 들어온 것은 1850년대가 되면서부터였다.

한편 포르시티아 비리디시마(*Forsythia viridissima*)도 중국에서 영국으로 건너왔다. 스코틀랜드의 식물 수집가 로버트 포천(Robert Fortune, 1812~1880)이 채집한 탁송물에 포함된 이 식물은 1844년에 영국 원예 협회에 보내졌다. 중국에서는 이 식물이 오랫동안 재배되었으며 꽃이 피었을 때의 모양 때문에 '황금 종'이라는 별명으로 널리 알려져 있었다. 하지만 여기서 우리가 주목할 식물은 1885년 괴팅겐의 식물원에서 독일의 식물학자 헤르만 차벨(Hermann Zabel, 1832~1912)이 발견한 포르시티아 수스펜사와 포르티시아 비리디시마의 잡종인 서양개나리, 포르시티아 × 인테르메디아(*Forsythia × intermedia*)이다.

일단 포르시티아라는 속명은 켄싱턴 궁과 세인트 제임스 궁의 왕립 정원 감독이자 영국 원예 협회의 창립 회원이던 윌리엄 포사이스(William Forsyth, 1737~1804)의 이름을 딴 것이었다. 죽거나 병든 나무를 고치기 위한 자신의 '기적의 치료법'을 설파했던 포사이스는 한마디로 스캔들에 자초해서 휘말린 신사였다. 당시 정부는 선박 건조에 필수적인 좋은 목재를 잘 보관하려 했는데, 포사이스는 소의 똥과 회반죽, 나무의 재, 모래로 만든 반죽이 보존에 효능이 있다고 설득해 돈을 벌어들였다. 그리고 좋지 못한 결과가 보이기 시작했지만 아직 걷잡을 수 없는 통제 불능 상태가 되기 전에 세상을 떠났다.

20세기 초에 서양개나리는 상업적으로 큰 성공을 거두었고, 영국 전역에 걸쳐 등장한 신도시며 교외 동근권의 정원에 압도적인 존재감을 뽐냈다. 그렇게 봄만 되면 잎도 없고 겉은 뾰루지가 난 것처럼 우툴두툴한 줄기에서 찬란한 노란색 꽃들이 터져 나오며 눈에 띄는 광경을 연출한다. 영국에서 가장 널리 자라는 흔하디흔한 관목이지만 짧은 시간 동안 확실히 우리에게 눈도장을 찍는다.

기르는 데 돈도 적게 들지만 생기 넘치는 개나리는 도시 공간에 심도록 지정되곤 했다. 그러다 1920년대 들어 한 조경가가 완전히 다른 차원에서 이 식물을 대량으로 심는 아이디어를 제안했다. 바로 미국 조경가 협회의 유일한 여성 창립 회원인 비어트릭스 패런드(Beatrix Farrand, 결혼 전 성은 존스Jones, 1872~1959)였다.

패런드는 자선가인 로버트 우즈 블리스(Robert Woods Bliss)와 부인 밀드레드로부터 워싱턴 D.C.에 있는 저택 부지인 덤바턴 오크스 주변의 정원 27에 이커를 손봐달라는 의뢰를 받았다. 밀드레드와 비어트릭스는 여러 해에 걸쳐 함께 정원을 가꾸었다. 이 부지에는 사유지인 정원이 끝나고 공유지인 공원이 시작되는 작은 골짜기가 있는 것으로 유명했다. 골짜기라고 하면 보통 여러 가지 색의 진달래속 식물로 뒤덮인 외딴 텅 빈 공간을 떠올리기 십상이다. 패런드는 이 덤바턴 오크스의 작은 골짜기에도 이와 비슷하게 단일 품종을 식재하기로 결정했지만, 진달래속 식물이 아닌 개나리속을 쓸 작정이었다.

당시 실제 식물을 심은 면적은 원래 1에이커 정도지만 개나리속의 단 한 품종으로만 이루어졌고, 패런드가 가꾼 곳 가운데 가장 드라마틱한 곳이 되었다. 1960년대에 밀드레드가 묘사한 바에 따르면 "덤바턴 오크스에 봄이 찾아오면 두 개의 언덕 아래로 잔뜩 꽃을 피운 개나리 관목이 마치 황금으로 변하는 듯해 숨이 턱 막힐 정도였다." 바닥에는 정원과 공원 사이의 공식적인 경계에 해당하는 '개나리 문'까지 있었다.

한편 1941년 하버드 대학이 이 부지를 인수해 골짜기를 포함한 자연 그대로의 구역이 공원이 된

이후로, 패런드는 정원 디자이너로서는 이례적으로 덤바턴 오크스 식물원의 유지와 향후 관리에 대한 명확한 지침을 내놓았다. 《덤바턴 오크스에서 자라는 식물(Plant Book for Dumbarton Oaks)》이라는 책에서 패런드는 각 정원에 대한 자신의 계획을 개괄적으로 설명하면서, 정원의 기본적인 특성과 일관성을 유지하기 위해 보살핌이 필요하다고 주장했다. 개나리 골짜기에 대해서는 다음과 같이 설명했다. "다양한 특성과 색조를 띤 꽃과 관목 같은 여러 침입종들은 불쾌함을 자아내고 황금색 꽃들의 우아함을 망칠 수 있기 때문에 여러 개나리속 식물을 다양하게 유지하는 일이 필수적이다. 하지만 어떤 식물의 아름다움을 뽐내기 이전에 그 자리에 오래 살아가도록 하려면 언덕 비탈에 뿌리를 내리는 기는 식물로 대체되어야 한다."

그에 따라 개나리속의 종과 품종들, 특히 '스펙타빌리스(Spectabilis)'를 광범위하게 활용한 것이 패런드가 실천에 옮긴 정원 설계 계획의 중추였다. 물론 이후 시간이 지나면서 대부분은 보다 현대적인 정원사들의 손을 거쳐 새로 디자인되었다. 하지만 덤바턴 오크스 공원 골짜기에서는 여전히 개나리속 식물들이 매년 봄 몇 주 동안 대량으로 황금빛의 반짝거리는 꽃을 피우다가, 마치 전혀 그런 일이 없었다는 듯 그 자리에 무성한 초록색 잎들이 돋곤 한다.

21

조그만 발레리나
마젤란후크시아

Fuchsia magellanica 'Riccartonii'

아일랜드의 남서부를 여행하다 보면, 초원에서 이국적인 분위기의 마젤란후크시아 '리카르토니이'(*Fuchsia magellanica* 'Riccartonii')가 온갖 매력을 발산하며 꽃을 피우는 즐거운 광경을 결코 놓칠 수 없다. 선명한 붉은빛과 진한 보랏빛이 도는 진홍색 꽃들이 철사처럼 가는 줄기에 달려 균형을 잡는 모습은 마치 조그만 발레리나를 연상케 한다. 겉으로 보기에 섬세하게만 보이는 이 식물은 원산지인 에메랄드섬에 적응한 만큼 한편으로는 억센 강인함을 품고 있으며, 그런 만큼 영어권 일반명에 붙은 '억센', '강건한'이라는 수식어가 잘 어울린다.

마젤란후크시아(*Fuchsia magellanica*)는 본래 칠레 남부와 아르헨티나의 자생종으로 마젤란 해협 근처에서 자란다. 다양한 질병을 치료하기 위해 이 식물의 잎과 껍질을 사용해온 이곳 마푸체족 원주민의 가장 큰 집단은 이 식물을 '칠코'라고 부른다. 그 열매 또한 기분 좋은 레몬 맛이 난다고 해서 소비되었지만, 1879년에 거짓 없이 솔직하게 말하는 것으로 알려진 빅토리아 시대의 인기 있는 원예 작가 제임스 셜리 히버드는 이 열매로 '꽤 괜찮은 타르트를 만들긴 했지만 맛이 어딘가 빈약했다'고 한다.

억세고 염분에 강한 마젤란후크시아는 19세기 중반에 아일랜드 해안에 상륙한 이래 이 나라의 도로나 그늘진 오솔길에 잘 적응했으며 지금은 그 꽃의 모양 때문에 아일랜드어로 '데오라 데(신의 눈물)'라는 이름으로 불린다. 이 식물은 현재 영국 전역에서 산울타리에 심는 가장 인기 있고 매력적인 관목이다.

이탈리아어처럼 들리는 '리카르토니이(Riccartonii)'라는 이름이 붙은 이 품종은 1830년 에든버러 남부의 리카튼 사유지에서 제임스 깁슨크레이그 경(James Gibson-Craig)의 정원사 제임스 영(James Young)이 길러낸 잡종이다. 영은 나중에 그 공로로 칼레도니아 원예 협회로부터 은메달을 받았다. 1876년 8월 에든버러 왕립 식물원의 제임스 맥냅(James McNab)은 식물에 대해 큐 식물원의 조지프 돌턴 후커 경(Joseph Dalton Hooker)에게 다음과 같은 편지를 보냈다. "동봉한 마젤란후크시아의 표본은 지금껏 우리가 길러낸 식물에서 잘라낸 것입니다. (…) 확실히 우리가 22년 넘게 재배한 후크시아 가운데서도 가장 아름다운 식물이죠." 리카튼 사유지는 오늘날 캠퍼스의 정원과 그 주변이 아름답기로 소문난 해리엇와트 대학의 부지가 되었다.

22

겨울을 예고하는 전령
올가여왕스노드롭

Galanthus reginae-olgae

"스노드롭, 겨울의 소심한 아이 / 이슬에 몸을 적신 채 깨어나는" 18세기의 시인 메리 로빈슨(Mary Robinson, 결혼 전 성은 다비Darby, 1757~1800)이 설강화라고도 불리는 스노드롭에 대해 쓴 시의 첫 구절이다. 많은 재능을 가진 주목할 만한 여성이었던 로빈슨은 배우이자 소설가, 극작가, 그리고 여성 인권 운동가였다. 2020년 4월, 영국 우정 공사에서는 로빈슨을 포함하는 낭만주의 시인들의 업적을 기리는 우표 세트를 발표했는데, 로빈슨의 우표에는 〈스노드롭에 부치는 시〉의 첫 구절과 함께 소담하게 핀 흔한 스노드롭 품종 '갈란투스 니발리스(*Galanthus nivalis*)'의 모습이 인쇄되어 있다. 봄의 상징과도 같은 이 꽃은 그동안 봄을 알리는 전령이라는 임무를 도맡았다. 여러 지역에서 이맘때에 종종 자연스레 자라난 스노드롭 군락이 발견되는데, 대부분 먼 옛날의 수도원이나 교회 앞마당을 비롯한 종교적 건물의 옛터에서 봄을 맞는 경건한 전통의 일부처럼 모습을 드러낸다.

하지만 같은 속의 식물이라 해도 영국의 일부 지역에서 빠르면 9월에, 보다 일반적으로는 10월부터 피는 대담한 가을꽃인 올가여왕스노드롭, '갈란투스 레기나이-올가이(*Galanthus reginae-olgae*)'는 전혀 소심한 구석이 없다. 설강화속의 다른 종들을 이기려는 듯 잎이 돋기 전부터 서둘러 꽃이 피기 시작한다. 그러다 마침내 잎이 나기 시작하면 중심부 아래쪽에 은색 선이 눈에 띄게 드러나 다른 종과 구별된다. 내가 보기에 해가 갈수록 이 식물은 봄보다는 겨울이 올 것을 예고하는 전령으로 거듭나는 듯하다.

올가여왕스노드롭은 그리스 펠로폰네소스 지역의 타이게투스산에서 그리스의 시인이자 식물학자인 테오도로스 오르파니데스(Theodoros Georgios Orphanides, 1817~1886)에 의해 1874년에 처음 채집되어 기록으로 남았다. 성미가 급하고 참을성이 없으며 괴팍하다고 알려진 오르파니데스는 전 세계 방방곡곡의 식물학자나 식물원 관계자들과 긴 편지를 주고받으며 끊임없이 식물이 늘어가는 자신의 식물 표본실에 또 다른 표본을 보탤 생각뿐이었다.

그런데 오르파니데스는 이 가을에 꽃 피는 스노드롭에 대해서는 자신이 이 식물을 어디서 찾았는지 아무에게도 얘기하지 않고 입을 꾹 닫았다. 그러다 1880년, 독일의 원예사이자 바덴바덴의 자기 정원에서 구근식물을 전문적으로 교배하던 막스 라이히틀린이 이 새로운 스노드롭의 구근을 사려고 오르파니데스에게 접근했다. 구근 하나에 5프랑을 주겠다던 라이히틀린은 매우 실망한 채 빈손으로 돌아갈 수밖에 없었다. 오르파니데스가 하나에 50프랑을 고집했기 때문이었다! 그러다 안타깝게도 1885년 2월, 오르파니데스는 건강이 악화되어 병원에 입원했고 5개월 뒤에 사망했다. 그에 따라 스노드롭이 어디에서 났는지에 대한 정보는 오르파니데스와 함께 무덤에 묻혔다. 이후 이 식물은 신비롭게도 오르파니데스의 정원에서 사라졌고, 그렇게 올가여왕스노드롭을 재배하는 명맥은 완전히 끊겼다. 일찍이 메리 로빈슨이 찬사를 보냈음에도 사람들은 이 보잘것없어 보이는 꽃에 대해 별 관심이 없다가, 19세기 들어 윌리엄 워즈워스(William Wordsworth)나 새뮤얼 테일러 콜리지(Samuel Taylor Coleridge) 같은 낭만주의 시인들이 순수함에 대한 상징으로 스노드롭을 부상시킨 이후에야 태도가 달라졌다. 사람들은 스노드롭의 은은한 녹색과 흰 무늬에 감탄하며 주목하기 시작했고, 심지어 이 꽃을 숭배하는 집단인 '갈란토마니아'까지 생겨났다.

이어 평범한 정원사와 식물학자들도 이 작은 꽃을 더 세심하게 들여다보게 되었고 각각의 식물이 모양, 색깔, 형태 면에서 무한히 많은 변화를 보인다는 사실을 깨달았다. 사람들은 무릎을 꿇고 기어 다녀야 제대로 감상할 수 있는, 작지만 흥미로운 보석과도 같은 이 식물을 채집하고 선별했으며 재배하면서 품종에 새로 이름을 붙였다. 1880년대에 새로운 종과 품종들이 등장하면서 이 꽃에 대한 관심은 절정에 달했고, 1891년의 영국 원예 협회 스노드롭 콘퍼런스에서 그 정점을 찍었다. 이후 스노드롭의 애호가이며 열심히 이 식물을 채집하는 감식가들을 가리키는 '갈란토필'이라는 용어가

더 생겨났다. 나 역시 자랑스러운 갈란토필의 일원이고 말이다.

그러니 1896년에 그동안 사라졌던 올가여왕스노드롭이 재발견되어 다른 친척들과 달리 가을에 피는 괴짜라는 사실이 알려지자 사람들이 얼마나 흥분했을지 가히 짐작이 간다. 스노드롭을 보다 활발하게 재배하게 된 이후에도 이 꽃은 사람들의 바람만큼 조금 이른 시기에(혹은 늦은 시기에) 피는 법이 결코 없었다. 갈란투스 레기나이-올가이라는 학명은 러시아의 황제 니콜라이 1세의 손녀이자 얼마 전에 작고한 에든버러 공작 필립 공(Prince Philip, 1921~2021)의 할머니인 러시아 태생의 그리스 왕비 올가 콘스탄티노바(Olga Konstantinova, 1851~1926)의 이름을 따서 지어졌다.

이후로 오랫동안 이 식물을 진심으로 좋아하고 가치를 알아보는 사람들은 스노드롭의 특이한 종과 품종을 서로 교환하거나 선물로 주고받았다. 특히 초대장을 받아야만 가입할 수 있기로 유명한 '스노드롭 오찬 모임'에서는 '갈란토필' 회원들이 귀중한 수집품을 찾으려고 독수리처럼 날카로운 눈을 정신없게 이리저리 굴린다. 오늘날 시중에 나온 새롭거나 희귀한 스노드롭 표본의 가격은 대부분 천문학적으로 비싸다. 이제 성격이 소심하고 쩨쩨한 사람은 '갈란토마니아'가 될 수 없다.

23

꽃의 이름을 지닌 배들
나팔용담

Gentiana acaulis

놀랄 만큼 선명한 푸른색을 띠는 터라 한눈에 알아볼 수 있는 꽃 나팔용담은 고산 지대의 바위가 많은 정원에서 흔하게 볼 수 있으며 원산지는 공기 맑기로 유명한 유럽의 알프스산맥이다. 그런 만큼 1788년에 《커티스의 식물학 잡지》에서 이 식물에 대해 다음과 같이 말한 것도 놀라운 일은 아니다. "알프스산맥에 사는 대부분의 식물이 그렇듯이 이 꽃 역시 깨끗한 공기를 사랑한다. (…) 그러니 아무리 변덕스러운 습성을 가졌다 해도 런던 근방에서는 절대로 잘 자라지 않을 것이다."

일반적으로 꽃이 군함이나 상선, 잠수함과 어떤 관계가 생기는 일은 매우 드물다. 하지만 나팔용담은 예외다. 이 이야기는 제2차 세계대전이 코앞이던 1938년, 영국 해군이 공격에 취약한 북아메리카에서 영국으로 물자를 수송하는 상선의 호위 역할을 할 수 있도록 새로운 소형 선박을 제자하면서부터 시작된다.

이 호위함들의 이름이 꽃의 이름을 따서 지어졌다. 이 배들은 '플라워급 코르벳'이라고 불렸는데 코르벳이란 프랑스어로 범선을 뜻했다. 이후 1953년 쉐보레의 고급 스포츠카에도 같은 이름이 붙었

다. 코르벳 호위함은 작고 기동성이 좋으며 당시의 다른 배들보다 제작비가 저렴했다. 1940년 8월 6일에는 플라워급 코르벳 여러 척이 처음으로 진수되었는데 이 가운데는 '용담호'도 포함되었다.

대서양 전투(제2차 세계대전 중 대서양의 해로 지배권을 놓고 영국과 독일 사이에 벌어졌던 전투-옮긴이)의 일환으로 호송 임무를 수행하고자 이런 선박이 거의 300척 건조되었다. 플라워급 배들은 호송 함대의 중추를 이루었다.

전쟁이 한창이던 1941년 영국 헤리퍼드셔의 상업 도시인 킹턴에서는 '군함 주간'을 맞아 용담호를 지원하기로 했다. 당시 영국 전역의 도시와 마을에서는 사람들이 자금을 모아 특정 군함을 '입양'하는 운동이 벌어졌다. 목표한 자금이 모이자 지역 사회는 선박의 선원들에게 따뜻한 옷가지를 보냈다.

이후 용담호는 전쟁 중에 60회 이상 호송 작전에 참가했고, 1947년 8월 21일 마침내 폐기되었다. 용담의 꽃말은 정의와 승리인데, 용담호는 그야말로 꽃말과 어울리는 일을 해냈다.

24

사랑과 애도의 꽃
헬리오트로피움

Heliotropium arborescens, Heliotropium peruviana(이명)

영어권에서 헬리오트로피움은 '체리 파이(Cherry pie)'라는 일반명으로 불린다. 이 식물이 유럽에 처음 소개되었을 때 꽃의 향기가 바닐라, 아몬드의 향과 갓 구운 체리 파이의 향을 연상시킨다고 알려졌기 때문이다. 군침이 도는 이름이다.

헬리오트로피움은 결코 화려한 식물은 아니다. 꽃향기를 따라가다 보면 이 식물이 피운 수많은 작은 꽃들을 발견할 수 있다. 꽃 색은 연한 라일락색부터 진한 보라색까지 다양하다. 이렇게 헬리오트로피움을 찾아내는 방법은 1735년 에콰도르 키토로 향한 샤를마리 드 라 콩다민(Charles-Marie de la Condamine)의 지형학적 탐험에서 프랑스의 박물학자이자 의사인 조제프 드 쥐시외(Joseph de Jussieu, 1704~1779)가 처음 알아차렸다. 키토에서 남쪽으로 방향을 틀어 페루의 리마로 이동하는 동안 쥐시외는 이 꽃의 향기를 맡고 '기쁘게 두취되어' 따라가 본 끝에 계곡에 자라던 키가 크지만 눈에 띄지 않는 관목을 찾아냈다.

이 식물을 관찰하던 쥐시외는 조그만 꽃들이 모두 태양을 향하고 있는 것처럼 보인다는 사실을 알아냈고, 그리스어로 '태양'을 뜻하는 'helios'와 '회전'을 뜻하는 'tropos'를 합쳐 '헬리오트로프'라는 이름을 붙였다. 나중에 쥐시외는 파리의 왕실 정원에 이 식물의 씨앗을 보냈으며 이 씨앗이 자라 1740년에 꽃이 피워 유럽의 나머지 지역에 보내졌다. 그리고 1757년 런던의 첼시 피직 가든에

서 일하던 필립 밀러(Philip Miller, 1691~1771)가 프랑스의 생제르맹 앙 레이에 자리한 다옌 공작의 식물원에서 헬리오트로피움의 씨앗을 받아 영국에 들여오게 되었다.

쥐시외는 오랜 세월에 걸쳐 많은 식물을 채집했고 결국 고향을 떠난 지 36년 만인 1771년에 프랑스에 돌아왔다. 헬리오트로피움을 자국에 소개한 것만 해도 훌륭한 업적이었다. 하지만 쥐시외가 채집해서 왕실 정원에 보낸 식물은 또 있었다. 그는 에리트록실룸 코카(*Erythroxylum coca*)라는 식물의 표본을 채집한 최초의 탐험가였는데 이 식물의 일반명은 바로 코카인을 만드는 코카나무다. 헬리오트로피움과 코카인을 들여온 사람이 같다니 정말 놀라운 일이다.

헬리오트로피움은 원산지였던 지역에서는 오랫동안 사랑의 서약을 지킨다는 맹세의 꽃이었다. 여성이 연인으로부터 이 꽃을 받는 것은 자신 역시 약혼을 받아들이는 것으로 여겨졌다. 자연스럽게 '침실의 아름다움'과 같은 매혹적인 이름을 가진 품종들이 생겨나면서 헬리오트로피움은 '사랑의 꽃(herbe d'amour)'으로 알려졌다.

이처럼 일단 사랑의 꽃이 된 이후에 이 식물은 애도와도 밀접하게 연관되었다. 영국 빅토리아 시대에는 특히 여성의 경우 예절과 관습을 따르는 것이 무척 중요했다. 예컨대 남편을 잃은 여성은 당시 사회에서 용인되는 특정한 애도 의상을 입어

야 했다. 애도 기간은 최대 2년 반까지 계속되었으며 다양한 단계를 거쳤다. 첫 번째, '완전한' 애도 단계에는 반짝이지 않는 크레이프와 같은 천으로 만든 검정색 옷을 입었다. 그런 다음에는 연보라색이나 라일락색처럼 차분한 '2단계 색상'을 입을 수 있는 단계가 찾아온다. 헬리오트로피움의 연보라색은 이런 애도 관습과 행보를 같이하게 되었다. 이 식물이 내는 색깔이 애도의 마지막 단계에 적합한 색상의 팔레트에 추가된 것이다. 그에 따라, 예상할 수 있듯이 헬리오트로피움에는 헌신, 또는 애착이라는 꽃말이 담겼다. 이 꽃은 무척 인기가 많아져서 1895년 오스카 와일드(Oscar Wilde)의 연극 〈이상적인 남편〉에서는 악역인 셔벌리 부인이 '다이아몬드와 함께 헬리오트로피움색 옷을 걸치고' 파티에 등장해 사람들의 이목이 쏠리는 장면이 나올 정도였다.

세월이 지나면서 사람들이 감당할 만한 가격대의 유리 온실이 꽤 보급되자 이 식물은 대중 속으로 한층 더 파고들었다. 그에 따라 뿌리를 내린 상태로 겨울을 나는 헬리오트로피움 관목이 늘어났고, 여름에 식물을 전시하기 위해 이 식물의 묘목을 옮겨 심은 화단도 늘어났다. 빅토리아 시대 상류층 사람들의 정원들을 복잡한 디자인으로 채운 헬리오트로피움은 시각뿐만 아니라 다른 감각도 만족시켰다.

헬리오트로피움의 인기는 1920년대 초에 최고조에 달했다. 당시 사람들은 시골 저택에 에드워드 시대의 '벨 에포크(19세기부터 20세기 초까지 서유럽이 예술적으로 화려하게 번영했던 시기-옮긴이)'에 흔했던 화려함을 재현하고자 했다. 심지어 유명했지만 성격이 좋지 않았던 원예 작가 제임스 셜리 히버드까지도 다음과 같이 이 식물을 인정했다. "헬리오트로피움은 아름답고 흥미로운 식물이며, 온실이나 정원은 물론이고 단춧구멍에 꽂아 장식하는 용도로도 더할 나위 없는 향기롭고 훌륭한 꽃이다."

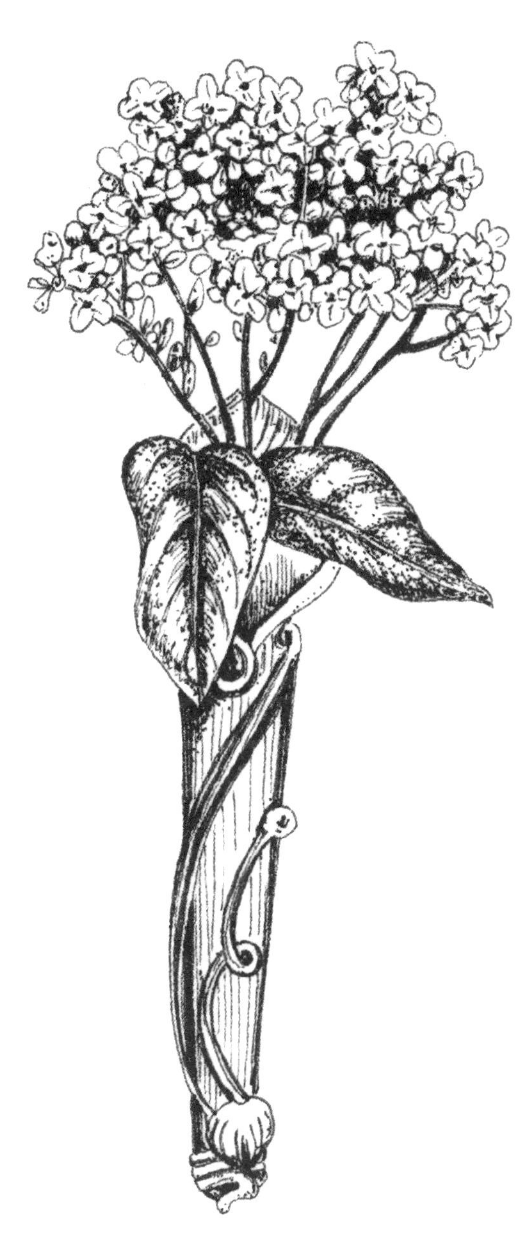

25

오늘의 아름다움 그리고 풍미
원추리

Hemerocallis fulva

원추리속을 가리키는 헤메로칼리스(*Hemerocallis*)라는 이름은 '오늘의 아름다움'을 뜻한다. 아침이 되면 더 많은 꽃들이 필 것이라는 사실을 직감하면서 매일 시든 꽃을 치우고 가장자리의 봉오리를 유심히 살피는 작업은 꽤나 만족스럽다.

원추리는 약 2,000년 전에 비단길을 따라 중국에서 전해져 로마, 그리스, 이집트의 의사들에게 그 존재가 알려졌다. 유럽 북부는 16세기까지도 이 식물을 모르다가 1576년에야 헤메로칼리스 풀바(*Hemerocallis fulva*)가 전해졌다. 영어권의 일반명인 '데이릴리(daylily)'라는 이름을 지은 제라드는 1597년에 다음과 같이 기록했다. "이 식물은 다른 원예가들이나 희귀한 식물 애호가들의 정원뿐 아니라 우리 집 정원에서도 잘 자란다. 하지만 다른 나라에서도 그렇듯 영국에서도 이 종이 야생에서 자라지는 않는다." 하지만 불과 수백 년 전의 미국인들 상당수는 이 식물이 그렇게 희귀하다고 느끼지 않을 것이다. 자연스럽게 새로운 땅에 적응하게 된 이 종이 미국의 여러 시골 지역에 자리를 잡고 길가와 도랑에 흔하게 자랐던 터라 '도랑 백합'이라는 다소 매력적이지 않은 일반명을 얻을 정도였기 때문이다.

어쩌면 일찍이 1812년에 영국 출신 미국 식물학자 토머스 너털(Thomas Nuttall, 1786~1859, 193페이지 참조)이 자신의 저서《북아메리카의 식물 속(The Genera of North American Plants)》에서 원추리가 필라델피아 주변과 스쿨킬강의 둑을 따라 습한 초원에 터를 잡고 번성하는 모습을 묘사했을 때부터, 이 식물의 침입자적인 본성을 경계하고 있었는지도 모른다. 그곳은 우연히도 미국에서 가장 오래된 식물원을 설립한 식물학자 존 바트럼(John Bartram, 1699~1777)의 정원이 있던 곳이었다. 1728년 원추리가 바트럼의 식물 목록에 처음으로 등장했다. 너털은 이 식물이 앞으로 꽤 퍼질 것이라 결론을 내렸고 '토착종 식물들 앞에서 낯선 침입종이라는 위치를 십분 이용할 것'이라고 언급했다. 족집게 같은 예언이었다.

중국의 식물학자 리후이린(李惠林, 1911~2002)이 1959년에 펴낸 저서《중국의 정원 꽃들》에 따르면 원추리는 야생에서 채집된 적이 없기 때문에 원산지가 어디인지도 정확히 알려지지 않았다고 한다. 리후이린은 이 책에서 원추리가 수백 년 전부터 재배된 어린 식물로부터 우연히 퍼졌을지도 모른다고 했다. 그리고 '여러 세기에 걸쳐 재배되었고 여전히 재배 중인 이 종의 식물 전체가 이 하나의 모종에서 파생되었을 가능성이 있다'고 덧붙였다.

이 이야기가 굉장히 설득력 있는 것은 오늘날 재배되는 원추리의 염색체가 보통의 이배체가 아닌 삼배체인데다 대개 불임이며, 씨가 거의 생기지 않고 주변으로 잘 뻗어가는 육질의 뿌리를 갖고 있어 쉽게 퍼지기 때문이다. 이 뿌리는 식물의 나머지 부분과 마찬가지로 먹을 수 있을 뿐 아니라 인간의 다양한 질병을 치료하는 약재이기도 하다.

고대 중국에서는 원추리의 꽃을 먹으면 슬픔이 사라진다고 해서 '걱정 근심을 잊게 하는 풀(忘憂草)'이라고 불렀다.

이처럼 보통의 정원사들에게 잘 알려지지 않았지만 원추리는 놀라운 요리의 재료이자 의학적 효능도 대단하다. 하지만 원래 서식지에서 쫓겨난 이 식물은 자신의 아름다움만으로 경탄을 받을 뿐인 단순한 정원의 장식물이 되고 말았다. 원추리가 외관을 앞세워 서양의 여러 지역을 행진하며 새로운 서식지를 찾는 동안, 극동 지역 사람들은 이 식물을 장식하기보다는 식재료로 먹거나 의학적으로 활용하기 위해 재배했다. 특히 중국에서는 이 식물의 말린 꽃봉오리를 '황금 바늘'이라고 부르며 입을 즐겁게 하는 흥미로운 재료로 여긴다.

중국인들은 향과 풍미를 유지하기 위해 완전히 피기 전인 이른 아침에 이 식물의 꽃봉오리를 딴다. 그리고 일단 꽃봉오리가 모이면 쪄서 넓게 펼쳐 놓고 햇볕에 말린다. 말린 꽃봉오리는 요리하기 전에 물에 불려야 하는데, 보통 캐러멜색의 황금빛을 띠며 흙내가 나는 풍미와 특유의 질감이 있다. 저렴하지만 영양가 있고 주변에서 흔히 구할 수 있는 식재료다.

동아시아의 일부 지역에서 원추리는 수백 에이커에 달하는 넓은 밭에서 산업적 규모로 재배되는 하나의 채소다. 이 식물이 수확되기 전에는 시골 방방곡곡마다 꽃이 만발한 그림 같은 풍경이 펼쳐진다. 그래서 식당이나 가판대에서 손님에게 이 식물을 튀긴 간식이나 싹과 꽃대로 만든 요리를 제공하는 8월에서 9월 사이에는 이 지역이 매우 인기 있는 관광지이다. 이것은 꽃이 지역 사회에서 어떤 역할을 하는지 보여주는 좋은 예다. 우리가 각자의 정원에서 즐기며 기르는 식물들은 사실 원산지에서는 대개 실용적인 목적으로 재배되었을 것이다. 동시에 아름답기까지 하다면 금상첨화겠지만 말이다.

존 제라드

John Gerard, 1545~1612

제라드가 1597년에 펴낸 저서인 《약초: 식물의 일반 역사》는 영어권에서 200종류가 넘는 식물의 특성과 각 문화권에서 그 식물이 갖는 의미, 용도를 설명한 최초의 책이었다. 본문의 상당 부분은 플랑드르의 의사이자 식물학자인 렘베르트 도둔스(Rembert Dodoens, 1517~1585)가 1554년에 펴낸 약초 책에서 가져왔으며, 여러 편의 삽화도 함께 가져왔다. 열광적인 식물 수집가였던 제라드는 런던 홀본에 개인 정원을 두었으며 여기서 당시 막 영국에 상륙한 감자를 포함해 수백 종의 '희귀하고 훌륭한' 표본을 재배했다. 또 1596년에는 자신의 정원에서 가꾸는 식물 목록을 작성했는데, 여기에는 오늘날 우리가 정원에서 재배하는 여러 외래종과 토착종이 처음으로 언급되어 있다. 이 책의 독자들은 몇몇 식물의 특징에 대한 저자의 열정적인 탐구와 때때로 터져 나오는 과장된 묘사를 굉장히 좋아했다. 이후 1633년에 토머스 존슨(Thomas Johnson)은 제라드의 《약초》를 보다 학술적인 내용으로 수정했는데, 이때 800여 개의 새로운 식물과 더 많은 삽화가 추가되었다.

26

러프 장식과 함께 번성하다
블루벨

Hyacinthoides non-scripta

오래된 숲의 우거진 나뭇잎이 드리우는 얼룩덜룩한 그늘에 자리 잡은 우아한 블루벨을 보고 있자면 감탄사가 절로 터진다. 전 세계 블루벨의 절반 이상이 영국에서 자란다. 수백 년에 걸쳐 조용히 진화해온 블루벨은 영국의 토착종으로 고대의 삼림 지대를 구획하는 데 중요한 지표종이다. 해마다 늦봄이 되면, 계절을 알리며 잔뜩 피어난 블루벨 덕에 숲은 몇 주에 걸쳐 잔잔한 푸른 바다가 된다.

1597년, 저서 《약초》에서 존 제라드는 블루벨이 영국에 매우 풍부하다는 이유로 '영국의 히아신스'라는 뜻을 지닌 히아킨투스 앙글리쿠스(*Hyacinthus anglicus*)라는 이름을 붙였다. 하지만 숲에서 자라는 앵초 같은 다른 식물들이 의학적인 효능이 있어 일찌감치 정원에서 재배되었던 것과 달리, 블루벨은 독성이 있어 사람들의 간섭을 받지 않고 삼림에서 그대로 잘 자랐다.

제라드에 따르면, "블루벨의 뿌리는 둥글납작하고, 끈적이는 즙으로 가득 차 있다. (…) 여기서 연령초 다음으로 가장 품질 좋은 전분이 만들어진다." 학명이 아룸 마쿨라툼(*Arum maculatum*)인 연령초는 보다 하얗고 순수한 형태의 전분을 생산하는 또 다른 삼림 식물이다.

영국에서도 이 식물에서 나온 전분을 고운 직물이나 레이스, 세탁물에 풀을 먹이는 데 쓰기는 했지만, 그 용법에 대한 지식이 늘어난 것은 1560년대 프랑스에서 이주자들이 들어온 이후였다. 경력

있는 러프 장식 제조업자인 플랑드르 출신의 딩함 판데르 플라서(Dingham van der Plasse) 부인은 런던에 도착하는 즉시 사업을 시작했다. '네덜란드에서 온 부인'이라 불리던 그녀가 가정부나 재봉사, 주부들에게 풀 먹이는 법과 러프 손질하는 법을 알려주고 수업료로 최대 5파운드나 되는 금액을 청구했지만 이 기술을 배우겠다고 사람들이 몰려들었다. 16세기 중반에서 17세기까지 특정 계층의 남성과 여성, 어린이들이 목의 주름 장식과 커프스 같은 완전히 비실용적인 패션을 즐기기 시작했던 무렵과 거의 같은 시기였다.

주름 프릴이라고도 하는 러프는 리넨이나 면으로 만든 길쭉한 천에 열을 가한 다리미로 주름을 잡아 만든 장식이었다. 여기에 풀을 먹이자 장식은 보다 크고 정교해졌으며, 화려하고 큼직한 장식은 권력과 동일시되었다. 커다란 러프 장식을 걸칠수록 부유하고 사회적 지위가 높은 사람이었다. 당시 전분을 공급할 다른 원천이 없는 상황에서 블루벨 뿌리에 대한 수요가 급증했다. *끈끈한 뿌리 즙을* 으깨면 사람들이 그토록 원하는 프릴에 먹일 풀의 대체재가 만들어졌기 때문이었다.

어떤 유행의 추종자가 생길수록 깐깐한 비평가들이 나타나기 마련이다. 당시 독실한 청교도로 이름 높았던 필립 스터브스(Phillip Stubbes, 1555~1610)가 특히 그랬다. 1583년에 스터브스는 러프와 이 장식을 착용한 사람들의 악덕에 대해 광범위하게 저

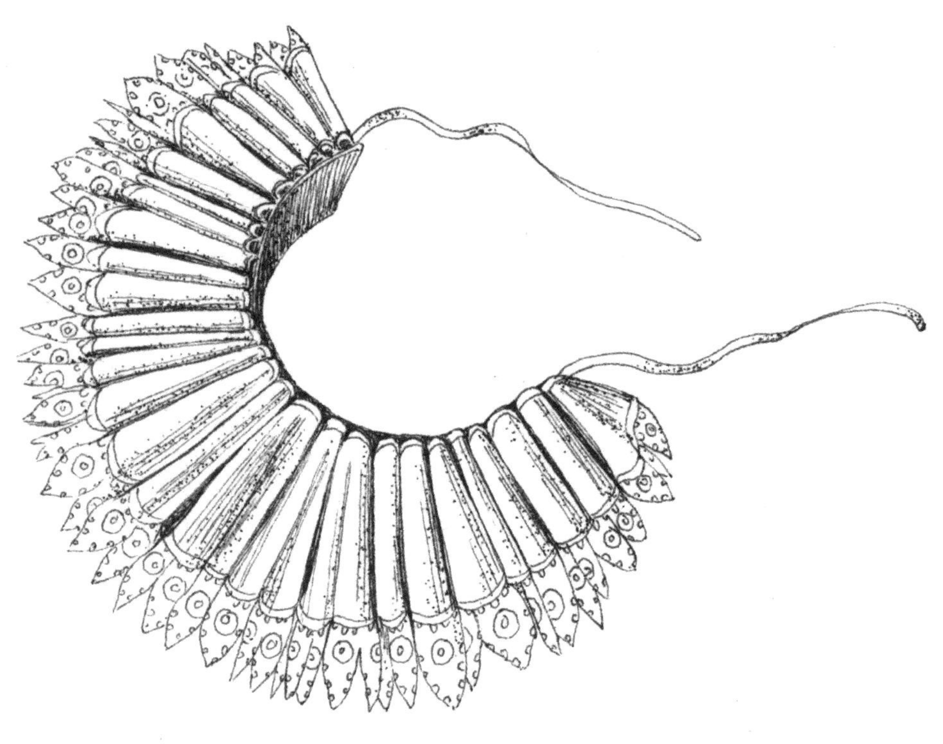

격하는 글을 쓰면서 "그것은 전분이라는 액체로 만든 엄청난 괴물이며 전분은 악마의 술"이라고 강력하게 비난했다. 블루벨 뿌리가 그런 유행을 불러일으킬 것이라 누가 예견했겠는가?

오랫동안 사람들에게 알려진 많은 식물이 그렇듯 블루벨 역시 여러 번 이름이 바뀌었으며 종종 특정 시기에 자신을 권위자라고 여기는 사람들이 그렇게 하곤 했다. 존 파킨슨에 따르면, 히아킨토이데스 논 스크립투스(*Hyacinthoides non scriptus*)라는 오늘날의 학명을 처음 지은 사람은 플랑드르의 식물학자이자 의사인 렘베르트 도둔스였다. 문자 그대로 하면 '글로 기록되지 않은, 히아신스와 비슷한 식물'이라는 뜻이다. 연인인 히아킨토스가 죽자 아폴론 신이 흘린 한탄의 눈물에서 비롯했다고 전해지는 신화 속의 히아신스 꽃과 이 식물을 구별하기 위해 그런 수식어가 붙었다는 이야기가 전해진다. 하지만 파킨슨의 주장에 따르면 도둔스가 이 이름을 붙인 이유는 사실 "그동안 자신이 아닌 다른 작가들이 언급하고 기록하지 않았기 때문"이다. 린네 또한 1753년에 출간한 《식물의 종(Species plantarum)》에서 이 식물을 히아킨토이데스 논-스크립타(*Hyacinthoides non-scripta*)라고 표기했다.

하지만 그 유래가 무엇인지와 상관없이 '기록되지 않은(non-scripta)'이라는 이름은 당시 린네 협회의 회장이었던 제임스 에드워드 스미스(1759~1828)를 신경 쓰이게 했다. 1797년에 스미스는 그런 종명은 이 식물을 공정하게 대하지 않은 결과물이며 무엇이든 다른 이름을 새로 붙여야 한다고 주장했다. 스미스는 스킬라 누탄스(*Scilla nutans*)라는 이름을 대안으로 내놓았는데, 'nutans'는 '고개를 끄덕이다', 또는 '늘어지다'라는 뜻으로 수줍은 듯이 고개를 숙인 이 꽃의 모습을 잘 묘사했다. 그렇기에 사람들에게 무척 인기가 있던 빅토리아 시대의 꽃

말 체계에서 블루벨이 겸손함을 상징하게 되었을 것이다. 먼 옛날부터 숲에서 오래 살아왔던 터라 불변성, 지조의 꽃이기도 했지만 말이다.

이 식물의 일반명인 블루벨이 처음 등장한 것은 19세기 초가 되면서부터이다. 이 시기에 존 클레어(John Clare, 1793~1864) 같은 낭만주의 시인들은 시골에서 이 꽃을 꺾는 일에 대해 썼다. 또 다른 시인 제라드 맨리 홉킨스(Gerard Manley Hopkins, 1844~1889) 역시 블루벨에 매료되어 숲에서 '이 식물의 모든 꽃이 한쪽 방향으로 고개를 숙이고 있다'는 사실을 처음으로 관찰해 기록했다. 이유는 분명히 밝혀지지 않았지만, 오래된 숲을 산책하다 보면 블루벨의 꽃송이가 전부 남쪽을 향해 구부러지곤 한다는 사실을 알 수 있다. 아마 자신이 자라는 장소에 완전히 그늘이 드리우기 전, 나뭇잎으로 우거진 수관을 통과해 정해진 시간 동안만 들어오는 햇빛을 일찍 받으려는 듯하다.

27

예술가를 위한 녹색 물감
독일붓꽃

Iris germanica

붓꽃속을 가리키는 속명 아이리스(*Iris*)는 무한히 다양한 색을 지닌 무지개를 의인화한 그리스 신화 속 여신 이리스의 이름을 따서 지어졌으며, 이 식물에 어울리는 적절한 이름이다. 오랜 세월에 걸쳐 여러 종류의 붓꽃들은 노란색, 초록색에서 파란색, 회색에 이르기까지 다양한 색깔의 꽃을 피웠다. 《로마의 예술과 여기에 나타난 색들(De coloribus et artibus Romanorum)》의 저자인 중세 시대 역사학자 에라클리우스는 이 식물에 대해 다음과 같이 썼다. "글을 쓸 요량으로 책의 특정 페이지에 필요한 다양한 색깔의 꽃을 찾는 사람들은 아침 일찍 옥수수밭을 돌아다녀야 한다. 그러면 다양한 꽃들이 갑자기 획 하고 나타나 새롭게 피어난 모습을 볼 수 있다."

보랏빛을 띤 진한 푸른색의 꽃잎을 지닌 독일붓꽃은 수염붓꽃이라고도 불린다. 이 식물은 기원후 43년부터 로마인들이 영국을 점령하는 동안 이곳에 소개한 역사 깊은 자연 잡종(자연 상태에서 서로 다른 야생식물 종 사이에 생기는 잡종-옮긴이)이다. 이후 400년이 지나 로마 제국이 붕괴하면서 로마인들이 영국에서 철수할 무렵 독일붓꽃은 그 땅에 잘 적응해 상당수가 수도원 정원의 울타리 안에서 중세 시대까지 계속 번성했다. 수도원에서 수도사들은 약용이나 여타 실용적인 목적을 위해 기르는 꽃과 약초는 물론이고 그들의 주된 식재료가 될 식물을 가꾸느라 많은 시간을 보냈다.

또한 당시 수도사들은 동물의 가죽으로 만든 양피지를 비롯해 다양한 천연 재료로 무척 호화스러운 책을 만드는 유일한 제작자들이었다. 책은 말 그대로 완전히 유기농 재료로 제작된 셈이었다. 이때 양피지의 가장자리에는 아주 유쾌하고 놀라우며 기괴한 잡종의 생물이 정교하게 그려졌다. 이런 익살스러운 작은 그림은 금박이나 은박으로 장식되어, 텍스트나 삽화에 빛을 비추면 반짝거릴 정도였다. 수도원 정원에서 널리 재배되었던 독일붓꽃으로 만든 '아이리스 그린'을 포함한 다양한 유기 안료가 책 속의 글자와 그림을 색칠하는 데 사용되었다.

아이리스 그린 염료를 생산하려면 제철에 꽃잎을 모아 찧어서 즙을 내야 한다. 그런 다음 매염제나 고정제로 미리 처리된 조그맣고 마른 사각형 리넨 천이나 보자기를 이 보라색 꽃잎 즙에 담근다. 이제 천을 말린 다음 즙에 다시 적시는데, 즙의 색깔이 헝겊에 저장되듯 충분히 흡수될 때까지 열 번은 반복한다. 그런 다음 천 조각을 말려 채색가가 쓰기 전까지 책장에 끼워 보관한다. 염료를 쓸 때는 먼저 천을 접시에 담은 다음 유약이나 달걀흰자에 적셔 보다 선명하고 밝은 초록색을 띠게 한다. 그런 후 천을 짜서 나오는 액체를 작은 용기에 모으면 곧장 사용할 수 있는 염료가 된다. 수도사들은 아이리스 그린을 비롯해, 이것의 주된 경쟁자인 갈매나무(*Rhamnus*) 염료에서 추출한 샙 그린

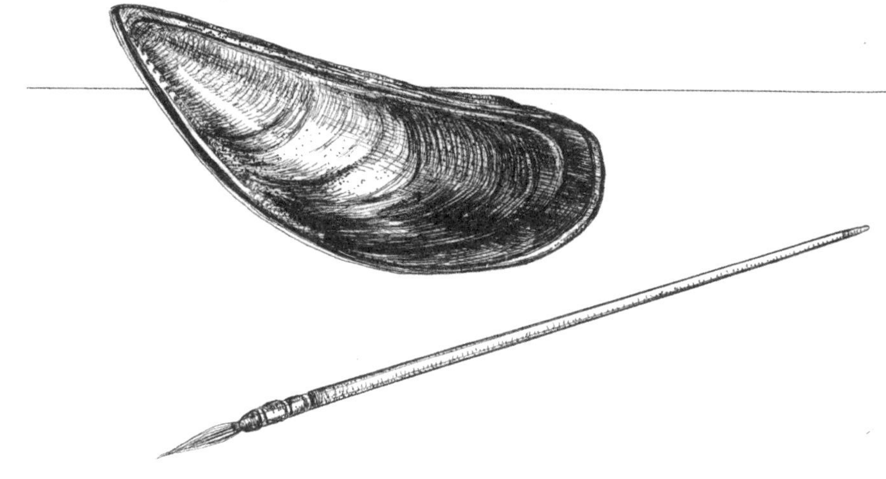

등 다양한 염료를 식물 재료를 써서 생산했다.

하지만 15세기 후반 유럽에서 인쇄기가 발명되면서 채색 삽화는 인쇄 삽화로 대체되었고 염료로 채색해 출판물을 만드는 일은 점차 사라졌다. 그럼에도 아이리스 그린은 16세기 후반에서 17세기 초에 활약했던 세밀화 초상화가들에게 매우 귀중하게 쓰이면서 새로운 임무를 찾았다. 세밀화라는 예술 장르는 채색 삽화의 전통에서 비롯했기 때문이었다.

세밀화가들은 영어로 '림너(limner)'라고 불렸는데, 이 단어는 라틴어로 '빛을 주다'라는 뜻인 '루미나레(luminare)'에서 왔다. 이 화가들은 다람쥐 털로 만든 붓을 사용했으며 홍합 껍데기 위에서 물감과 접착제를 섞었는데 이 껍데기는 세밀화 작업에 쓰기에 완벽한 팔레트였다. 아직 사진이 등장하기 전, 사람들은 손에 들고 볼 수 있는 작은 그림으로 연인이나 가족, 가까운 친구의 모습을 담아 매우 소중하게 간직했다.

1803년,《커티스의 식물학 잡지》에서도 세밀화가들이 주로 사용하는 아이리스 그린(베르델리스, 베르디리스라고도 불리는) 염료가 독일붓꽃을 재료로 해서 만들어진다는 사실을 확실히 밝히고 있다.

그 밖에도 붓꽃의 꽃잎으로 염료를 만드는 방식 또한 꽤 많았고, 심지어 1829년에 헨리 필립스(Henry Phillips)가 유쾌한 어투로 언급했듯이 독일붓꽃은 예술가들이 사용하는 물감을 만드는 데 계속 사용되었다. "우리네 정원에서 파란색이나 보라색을 담당하는 흔한 이 붓꽃은 수채화 물감의 가장 아름다운 색깔을 만들어낸다." 요즘 나 역시 가끔 취미 삼아 수채화를 그리는데 내가 아무것도 없는 맨땅에서 길러낸 식물이 물감의 재료가 된다고 생각하면 정말 놀랍다. 물론 나는 뼛속부터 정원사여서인지 화단 가장자리를 장식한 붓꽃의 아름다운 꽃잎들을 모조리 따 모은다고 생각하면 몸서리를 칠 수밖에 없다. 그러니 붓꽃으로 만든 물감을 쓰는 건 열정적인 예술가들에게 맡기는 게 좋겠다.

28

매혹적인 향기로 감싸안다
약자스민

Jasminum officinale

다른 모든 감각 중에서도 냄새는 기억과 가장 밀접하게 연관되어 있어 많은 이들에게 풍성한 추억을 불러일으키곤 한다. 대개 자스민이라고 불리는 약자스민(*Jasminum officinale*) 또한 좋은 향 덕분에 여러 나라에서 오랫동안 재배되었으며, 원산지를 확실히 말하기는 불가능하다. 하지만 4세기부터 중국의 작가들은 자스민을 '이국적인' 식물이라고 표현했으며 오늘날의 이란인 페르시아에서 유래했다고 넌지시 암시했다. 자스민은 기분 좋은 향을 풍기는 데다 여러모로 쓸모가 많아 이미 풍부했던 중국의 귀중한 식물 목록에 빠르게 이름을 올렸다.

오래전부터 지금의 광둥성에 자리한 주장강 삼각주는 중국 남부에서 가장 비옥한 지역으로 손꼽혔다. 이곳에서 자스민은 주로 꽃봉오리를 수확하기 위한 목적으로 강둑을 따라 수 킬로미터에 걸쳐 재배되었다. 17세기 무렵 광둥성에 대한 한 기록에 따르면, 이 지역에서는 동트기 직전부터 여성들이 아직 채 피지 않은 자스민 꽃봉오리를 수천 개 땄는데 이 꽃봉오리는 원래 시간이 지나 황혼 무렵에 가장 강렬한 향을 풍기며 핀다고 한다.

그러면 꽃봉오리들은 젖은 천으로 싸여 상인들의 손에 넘어가며, 상인들은 강을 건너 도시로 넘어가 봉오리를 판다. 이후 수백 명의 일꾼이 이 꽃봉오리를 얽어매 화관 같은 장신구를 만든다. 저명한 학자인 이조원(李調元, 1734~1803)이 1777년에 이런 글을 남겼다. "사람들이 향기로운 꽃봉오리 화관을 머리에 올리고 나면 이제 봉오리가 꽃을 피우기 시작한다. (…) 그러면 사람의 온기에 힘입어 더욱 향기로워지고, 그 향이 밤새 이어져 새벽까지 사라지지 않는다."

자스민 화환은 종교 의식 때 건물이나 거주용 선박의 처마를 장식하는 데도 흔히 쓰였다. 그뿐만 아니라 음식이나 포도주의 맛을 내고 차의 향을 돋우는 데도 쓰였던 만큼 자스민 꽃봉오리의 수요는 엄청났을 것이다.

자스민의 향기는 언제나 로맨스와 밀접한 관련이 있었다. 자스민으로 장식된 정자에서 잠시 머무는 순간이 없다면 어떤 밀회도 완전하다고 할 수 없다. 1597년 영국에서 자스민을 재배하던 존 제라드는 이 식물이 '바로 옆에 있는 것은 무엇이든 껴안는다'고 묘사했다. 그리고 제라드는 연회를 여는 집이라면 마당에 자스민을 심으라고 진심으로 권했다. 그런 향기롭고 낭만적인 외딴 정원 건물에서라면 연인들의 포옹은 계속 이어질 수밖에 없을 것이다.

29

자연 판화법으로 기록되는 영광
우바리아니포피아

Kniphofia uvaria, Aloe uvaria, Tritoma uvaria(이명)

1753년, 린네는 1700년경 희망봉에서 유럽으로 유입된 한 특이하게 생긴 식물에 알로에 우바리아(*Aloe uvaria*)라는 학명을 붙였다. 꽃이 피기 전의 모습이 아주 작은 포도 한 송이를 연상시켰기 때문이었다(라틴어로 'uva'는 포도를 뜻한다). 그러다 1794년 들어 독일의 식물학자 콘라트 묀히는 독일의 의사 요하네스 히에로니무스 크니포프(Johannes Hieronymus Kniphof, 1704~1763)을 기리기 위해 특별히 만들어진 크니포피아속(Kniphofia, 니포피아속이라고도 함)으로 이 식물의 소속을 옮겼다.

하지만 이 새로운 속명은 1843년이 되어 학명이 다시 검토될 때까지 실제로 쓰이지 않았다. 그러는 동안 1804년에 식물학자이자 활력 넘치게 인생을 즐기던 사교계 인사였던 존 벨렌던 커 골러(John Bellenden Ker Gawler, 1764~1842)가 이 식물을 트리토마속(*Tritoma*)으로 분류하기로 결정하면서 트리토마 우바리아(*Tritoma uvaria*)라는 학명이 탄생했다. 비록 크니포피아가 수년간 과학 문헌에서 일반적으로 사용되었지만, 트리토마라는 속명 역시 영국과 미국에서 굉장히 널리 쓰였기 때문에 오늘날까지도 육묘장의 카탈로그에서 여전히 볼 수 있다. 공평하게 말하자면, 트리토마라는 속명이 더 널리 쓰인 건 철자와 발음이 경쟁자에 비해 훨씬 쉬웠기 때문인 듯하다.

매우 예리한 식물학자였던 크니포프는 1757년에서 1764년 사이에 자신의 대표 저서인《원형의 식물학, 또는 생생한 식물 표본집(Botanica in Originali, seu Herbarium Vivum)》을 출간했는데, 이 책은 표본 원형에서 직접 찍어내는 '자연 판화법'으로 크니포프가 직접 제작한 식물 삽화가 1,200여 점이나 실린 획기적인 출판물이었다.

식물을 비롯한 자연에서 비롯한 물체를 종이에 직접 찍어내 이미지를 만드는 이 기술은 이전에도 수백 년 동안 존재했다. 레오나르도 다빈치(Leonardo da Vinci, 1452~1519)도 이 기법을 사용하곤 했다.

현존하는 가장 초기의 자연 판화는 1508년에 제작된 것으로, 다빈치의 그림과 글을 모은 열두 권짜리 책인《코덱스 아틀란티쿠스(Codex Atlanticus)》에 실린 세이지(*Salvia officinalis*)의 이미지다. 다빈치는 기름 램프의 연기를 쐬게 해서 나뭇잎에 검은 그을음을 칠한 다음 종이 사이에 잎을 끼워 누르는 오래된 방식을 활용했다. '램프 블랙'이라고도 불리는 그을음 속 색소가 나뭇잎의 윤곽에 묻어 종이에 그대로 찍혔다. 다빈치는 이 책에 자연 판화로 식물의 모습을 찍어내는 방법을 자세히 설명했다.

16세기 유럽에서는 약초의 인기가 높아지면서 이런 자연 판화가 널리 퍼져 대중화되었다. 당시의 식물학자와 화가들은 식물 표본을 찍어내는 다빈치의 이 기본적인 방식을 활용해 기존의 목판화보다 더 나은 독창적인 인쇄물을 제작했다. 그것은 유용한 식물을 기록하는 편리하고 정확한 방법이었다.

당시 알로에 우바리아로 알려져 있던 우바리아니포피아는 1762년에 제작된 크니포프의 독창적인 출판물에 삽화로 포함되는 영광을 누렸다. 역시 다빈치의 방식이 사용되었지만, 이 책에서 크니포프는 식물 표본에 손으로 직접 명암을 주어 색을 입히는 식으로 약간의 변형을 가했다. 이전의 자연 판화들이 흰색 바탕에 검은색 일변도로 찍히곤 했던 것과는 달랐다.

식물학자였던 크니포프는 식물학이라는 성장하는 과학 분야에서 식물을 동정하고 기록하는 데 이 인쇄 방식이 중요하다고 여겼다. 이 자연 판화는 숙련된 식물학자나 값비싼 장비가 필요하지 않다는 큰 이점이 있었지만 매우 고된 작업을 요했다. 그 결과물은 납작하게 눌린 식물 표본과 비슷했는데, 보존된 실제 식물 표본이라 해도 곤충에게 손상을 입기 쉬운 데다 부서지기도 쉬웠기에 자연 판화보다 그렇게 장점이 많지도 않았다.

18세기 말에서 19세기 초가 되면 더 많은 유명 식물학자들이 채집 활동을 하는 동안 자연 판화법을 활용했다. 독일의 박식한 지리학자 알렉산더 폰 훔볼트(Alexander von Humboldt, 1769~1859)도 아메리카 대륙을 탐험하던 중에 자연 판화를 제작했는데, 자신이 직접 채집한 건조 표본을 망가뜨리거나 잃어버릴 경우를 대비한 보험이었다. 여러 달, 경우에 따라서는 여러 해에 걸쳐 모은 표본을 잃는 것은 식물학자들에게 최악의 악몽이기 때문이다.

지난 몇 년 동안, 나는 내가 우바리아니포피아를 아주 좋아하거나 싫어하거나 둘 중 하나라는 결론에 도달했지만 닳아 해진 누더기 같은 잎 때문에 아직 결정을 내리지 못하는 중이다. 친애하는 정원사 제임스 셜리 히버드라면 분명 대놓고 싫어하는 진영에 있었을 텐데, 특히 그는 이 식물 종이 수적으로 부족하다며 불평하곤 했다. "몇 안 되는 종들도 정원사가 보기엔 필요 이상이다." 하지만 히버드는 코웃음을 치며 덧붙인다. "정원사들이 그것을 심어야만 한다면 자신의 미감을 해치지 않게 주의를 기울여야 한다."

그렇지만 아무리 뭐라 해도 정원 온실의 가장자리에 우바리아니포피아가 없다면 훨씬 허전하고 무언가 빠진 느낌이 들 게 분명하다.

제임스 셜리 히버드

James Shirley Hibberd, 1825~1890

교외에서 일하는 정원사였던 히버드는 많은 이들을 아마추어 정원사로 이끈 베스트셀러 원예 작가이자 저널리스트다. 동시에 그는 도시에 정원을 가꾸자고 주장하던 선구자이기도 했다. 히버드는 1855년에 첫 번째 책인 《도시 정원: 도시와 교외 정원의 관리를 위한 지침서(Town Gardens: A Manual for the Management of City and Suburban Gardens)》를 낸 이후로 1856년 《취향이 담긴 집을 위한 소박한 장식물(Rustic Adornments for Homes of Taste)》을 연이어 출간했다. 그는 개인적인 경험을 토대로 글을 쓰면서 혁신적인 원예 기술이나 새로운 식물을 다루는 것은 물론, 집을 꾸미는 사람들에게 조언하기, 마을 정원 디자인하기를 비롯해 도시에서 벌을 키우는 일에 집중하기도 했다. 그는 1890년에 세상을 떠났는데, 당시 《가드너스 크로니클》에는 이런 부고가 실렸다. "외람되지만, 그는 자기 자신의 열정에 잡아먹힌 희생양이었을 가능성이 높다." 무엇보다 히버드의 훌륭한 업적을 꼽자면 1884년에 《아마추어 가드너 매거진(Amateur Gardener Magazine)》를 창간한 것이다. 슬프게도 139년이 지난 2023년 10월 14일에 마지막 호를 발간한 뒤 폐간되었지만 말이다.

30

사랑을 담은 작은 주머니
금낭화

Lamprocapnos spectabilis, Dicentra spectabilis(이명)

일반명인 금낭화로 더 잘 알려진 람프로카프노스 스펙타빌리스(*Lamprocapnos spectabilis*)는 중국의 토착종으로, 잎이 모란의 잎을 닮아 '하포목단'이라는 이름으로 오랫동안 재배되었다('하포荷包'에는 주머니, 쌈지라는 뜻이 있다-옮긴이). '목단'은 모란의 여러 중국어 이름 가운데 하나이며 '가장 아름답다'는 의미가 있다.

중국에서 하포목단이라는 식물은 오래된 사랑 이야기와 얽혀 있다. 별다른 이유도 없이 계속 구혼자들에게 퇴짜를 놓는 듯 보이는 아름답고 고결한 한 여성이 있었다. 하지만 사실 이 여성은 비밀 연인이 있었고, 그는 군대에 입대해 2년 동안 떠나 여성과 연락할 수 없게 되었던 것이었다. 여성은 인내심을 가지고 연인이 돌아오기만을 기다리겠다고 맹세했다. 그리고 매달 만날 수 없는 연인을 위해 꽃을 수놓은 작은 주머니를 자신의 빙 창문 옆에 있는 모란나무 가지에 조심스레 매달았다. 그렇게 시간이 지나면서 나무는 작은 하트 모양의 주머니로 뒤덮였다. 이 여성이 보인 참을성과 헌신에 대한 보상으로 신은 모란나무와 그 가지에 걸린 주머니 전부를 진짜 식물로 바꾸었다. 그래서 모란과 하포목단의 잎은 서로 닮게 되었다.

이후 1742년에 프랑스 예수회의 선교사이자 아마추어 식물학자인 피에르 르 셰론 댕카르빌(Pierre le Chéron d'Incarville, 1706~1757)은 베이징에서 금낭화 씨앗을 자신의 스승인 파리 왕립 정원의 원장 베르나르 드 쥐시외(Bernard de Jussieu)에게 보냈다. 그리고 이 식물은 1810년경 영국에 모습을 드러냈지만 곧 자취를 감췄다.

그 뒤로 유럽인들이 중국에 더 쉽게 갈 수 있게 되어 스코틀랜드의 식물학자 로버트 포천(Robert Fortune, 1813~1880)이 저우산 군도에 있던 중국인 관리의 정원에서 금낭화를 얻기까지, 그리고 영국에서 이 식물이 다시 목격되기까지 30년 넘는 세월이 더 걸렸다. 빅토리아 시대의 영국인들은 1846년에 영국에 다시 소개된 금낭화를 매우 좋아하게 된 나머지 곧 응접실의 직물이나 벽지를 이 식물의 독특한 꽃무늬로 장식했다.

뒤이어 1883년에 윌리엄 로빈슨은《영국의 꽃 정원》에서 금낭화가 얼마나 인기를 끌었는지, 사람들이 '장밋빛 하트가 줄에 매달린 듯한 이 꽃을 얼마나 좋아했는지' 묘사했다. 이 '장밋빛 하트'는 낭만적인 빅토리아 시대 영국인들의 마음에 쏙 들었고, 금낭화는 곧 충실함과 영원한 사랑의 상징으로 즉각 채택되었다.

31

고난 속에 엮어낸 꽃의 태피스트리
스위트피

Lathyrus odoratus

깅엄 무늬 식탁보를 깐 식탁에 올려진 색이 다양하고 달콤한 향이 나는 스위트피, 그리고 그 곁에 놓인 빵 껍질을 잘라낸 하얀 샌드위치. 이 광경은 그야말로 이 나라만의 목가적인 여름이 시작됨을 알리는 신호탄으로 영국인들의 머릿속에 각인되어 있다. 하지만 꽃이 큼직하고 종종 주름이 있으며 흐늘거리는 그림 속 스위트피가 멋지기는 해도, 섬세하고 달콤한 향을 풍기는 진한 파란색과 보라색을 띤 꽃인 진짜 스위트피, 라티루스 오도라투스(*Lathyrus odoratus*)와는 거리가 멀다. 시칠리아 지방의 식물학자인 프란체스코 쿠파니 신부(Francesco Cupani, 1657~1710)가 이 식물을 우연히 발견했고 1696년 자신의 저서인 《나폴리의 가톨릭 정원(Hortus Catholicus Neapolitanus)》에서 언급했다. 쿠파니 신부는 자신이 채집한 씨앗을 친구들, 특히 네덜란드 암스테르담에서 식물학자로 일하는 카스파르 코멜린(Caspar Commelijn)에게 나눠주었다. 코멜린은 이 식물에 대해 이렇게 언급했다. "꽃이 나비와 비슷하게 생겼으며, 보통 큼직하고 보라색을 띤다. 그 밖에 하늘색을 띤 꽃잎도 있다. 매우 기분 좋은 향기가 나는 꽃이다."

쿠파니 신부의 식물학자 지인들 사이에서 큰 감탄을 자아냈던 이 식물은 이후 빠르게 퍼져나가 1724년에 '달콤한 향이 나는 완두콩'으로 시판되기에 이르렀다. 하지만 시간이 더 지나 1800년대가 되어서야 식물 교배업자들은 스위트피를 주목하고 그 잠재적인 수익성에 눈 뜨게 되었다. 그러자 곧 다양한 색상의 조합이 나타나기 시작했다. 19세기 내내 스위트피는 온갖 종류의 교배와 역교배를 거쳐 무척 다양한 색깔과 무늬를 띠게 되었다. 이 과정에서 종종 이 식물의 특징적인 달콤한 향이 사라지기도 했다.

이내 대서양 건너 미국에서까지 스위트피에 대한 수요가 생겼다. 1897년부터 W. 애틀리 버피(W. Atlee Burpee) 같은 육묘상들은 더운 여름 기후를 견딜 새로운 품종을 개발해 절화업계에 유통할 상품을 생산했다.

그러는 동안 1860년대 후반부터 미국 땅에 일본 이민자들이 속속 도착하기 시작했다. 1905년까지 이들 이민자의 일부는 채소 농사를 짓고자 애리조나 근방으로 향했다. 이후 1930년대에 이민 온 나카가와 가족은 피닉스의 사우스산맥 기슭에서 농사를 짓기로 했다. 하지만 이들의 노력이 열매를 맺을 무렵 일본의 진주만 공격으로 미국은 제2차 세계대전에 돌입했다. 일본계 미국인들은 표적이 되었고 땅을 팔거나 포기하고 수용소로 이동할 수밖에 없었다. 나카가와 가족을 비롯한 많은 사람이 전쟁 동안 피닉스의 남동쪽 중심부에 수감되었다. 1945년이 되어서야 이들은 풀려났지만 생계 기반은 파괴된 지 오래였다.

나카가와 가문은 기시야마, 마루야마, 나카무라, 사카토, 이와코시, 와타나베 가문을 비롯한 다른 일본계 미국인 가문 여섯 곳과 함께 다시 농장을 짓기 시작했다. 비록 땅에 관개 시스템을 만들 뿐만 아니라 바위와 돌을 손수 제거하느라 등뼈가 휘어질 정도로 노동력을 쏟아부어야 했지만 산 밑이라는 지형이 국소적으로 유리한 기후를 조성해 농장이 보호받는 측면도 있었다. 이렇게 엄청난 의지로 힘든 노동을 해낸 끝에 이들은 1950년대까지 번창하는 꽃과 채소 농장을 다시 일으켜 세웠다.

이후 30년 동안 사우스 피닉스의 베이스라인 도로를 따라 자리 잡은 나카가와 화훼 농원은 성장을 거듭했다. 이들은 향기로운 스토크와 스위트피를 포함한 다양한 꽃을 길렀다. 품질 좋은 스위트피를 절화로 만들기 위해 이들은 하나의 꽃대에서 꽃을 키우는 단경법을 활용했고 곁줄기를 매우 짧게 유지했다. 그 결과 줄기가 훨씬 길어지고 꽃도 커졌다. 초여름이 되면 이곳 농원의 꽃 가판대에서

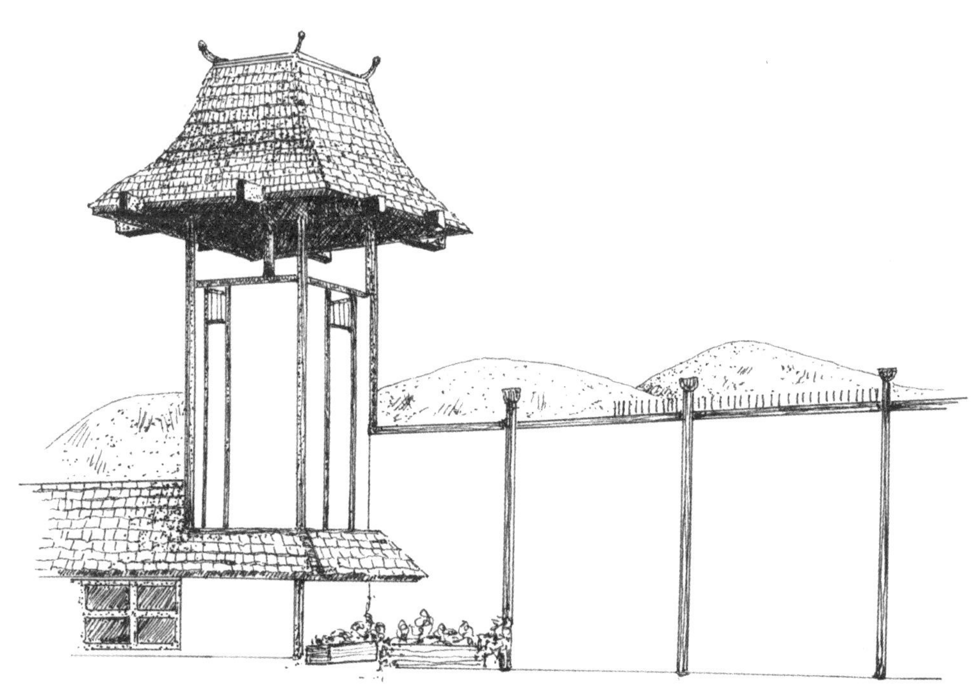

꽃다발을 구매하거나 단지 꽃밭 옆으로 지나가며 구경하기 위해 멀리 떨어진 여러 주에서 방문객들이 찾아왔다. 꽃향기는 최대 수 킬로미터 밖까지 퍼졌고, 운전자들은 꽃이 핀 동안 차창을 내리고 기분 좋은 내음을 최대한 즐겼다.

1960년대에서 1970년대까지 피닉스 근방에서 농원을 경영하던 일본계 가문들 덕에 다채롭게 꽃이 핀 밭은 관광지로 거듭났고, 이들은 사람들의 관심을 활용해 뭔가를 더 해보기로 결심했다. 그렇게 1969년에 닉 히로시 나카가와(Nick Hiroshi Nakagawa, 1923~2021)는 이곳에 전망대가 딸린 3층 탑을 지었다. 방문객들은 이 탑에 올라 놀랍고도 거대한 꽃의 태피스트리(여러 가지 색실로 그림을 짜 넣은 직물)를 내려다볼 수 있었다.

미국 전역에 농원의 꽃이 든 상자가 배송되었고, 채소와 꽃을 팔던 허름한 창고는 제대로 된 상점이 되었다. 예컨대 나카가와 가문의 상점은 '베이스라인 꽃 농원'이라고 불렸다.

하지만 이후 여러 해에 걸쳐 나머지 일본계 미국인 화훼업자들은 조금씩 그들의 땅을 개발업자에게 팔았다. 오늘날 베이스라인 도롯가의 꽃밭은 이미 오래전에 사라졌다. 마지막으로 남은 가게가 베이스라인 꽃 농원인데, 지금은 캘리포니아와 남아메리카에서 온 다양한 수입 꽃들만 판매하고 있다. 지금은 이 가게만이 한때 애리조나의 사막에 수백 에이커의 꽃밭이 펼쳐졌던 시절의 놀라운 유산을 떠올리게 한다. 나카가와 가문은 여기에 다채로운 오아시스를 만들었다. 단경법으로 무지갯빛의 스위트피가 줄지어 자라는 꽃밭의 모습이 담긴 엽서가 그 풍경을 전한다.

애리조나 주립 대학의 부교수이자 닉 나카가와의 딸인 케이시 나카가와(Kathy Nakagawa)는 이렇게 말한다. "지금도 이따금 사람들이 상점에 찾아옵니다. 이곳에서 농부들이 바위와 흙을 멋진 정원으로 만들어놓았던 시절의 기억을 함께 나누죠. 이런 느낌을 일본어로는 '나쓰카시이(그리운)'라고 합니다." 이건 아마도 쿠파니 신부의 소박하지만 향기로운 식물 라티루스 오도라투스와 잘 어울리는 단어일 것이다.

런던을 누빈 라벤더 상인
잉글리시라벤더

Lavandula angustifolia

향기로운 꽃으로 사람을 진정시키고 회복력을 북돋우는 잉글리시라벤더의 원산지는 지중해 근방과 북아프리카의 일부 지역이다. 16세기에 존 제라드는 이 식물이 '심장의 고통과 열정을 진정시키는' 힘이 있다고 열광적으로 설명했다. 비록 그것이 신체 장기인 심장에 의학적인 효능이 있다는 것인지, 아니면 낭만적인 본성에 효능이 있다는 것인지 확실하지는 않지만 말이다.

이 식물은 수백 년 동안 여러 문화권에서 광범위한 효능을 가진 약초로 쓰였다. 르네상스와 중세 시대에 유럽 전역에서는 이 식물이 리넨 천을 세탁하는 데 사용되었다. 이렇게 세탁한 뒤 라벤더 덤불 위에 빨래를 말리면 사람을 차분하게 하는 향이 한층 더 진해졌다. 프랑스와 이탈리아에서 다른 사람에게 고용된 여성 세탁부들을 라방디에르(les lavandières)라 부르는 것도 이런 배경 때문이다. 17세기 영국에서도 정원사이자 작가인 레너드 미거(Leonard Meager, 1624~1704년경)가 '흰색으로 표백한 작은 옷감을 널어놓고 말릴 간편한 라벤더 생울타리를 만들자'라고 제안한 바 있다. 그동안 '씻는다'는 뜻인 라틴어 'lavare'가 라벤더라는 단어의 기원이라는 주장이 종종 제기되었지만, 2004년에 발표된 라벤더속(*Lavandula*)에 대한 한 논문을 비롯해 몇몇 식물학자들에 따르면 이 이름은 아마도 '산뜻하고 푸르스름하다'라는 뜻인 라틴어 'livare'와 관련이 있다고 여겨진다. 실제 꽃의 색깔이 반영되었

을 것이다.

이후 라벤더는 무척 흔해진 나머지 1652년에 식물학자 니컬러스 컬페퍼(Nicholas Culpeper, 1616~1654)는 나중에 《완전판 약초학(The Complete Herbal)》이라고 제목을 바꾼 저서 《영국의 의사(The English Physitian)》에서 "거의 모든 정원에서 자생하는 식물이므로, 너무나 잘 알려진 만큼 따로 설명할 필요가 없다"라고 말할 정도였다.

좋은 향이 나는 다른 여러 식물과 마찬가지로 라벤더 역시 불쾌한 냄새를 없애기 위해 바닥에 펼쳐 놓거나 서랍에 넣어 방충제로 썼다. 실제로 수백 년 동안 유럽에서는 왕실 곳곳에 라벤더를 포함한 꽃과 약초를 뿌리는 직위가 있을 정도였는데, 이 자리는 보통 궁정에서 사회적 지위가 높은 여성들을 위한 것이었다.

확실히 라벤더는 세탁물에 사용할 만큼 상쾌한 특성을 가졌기에 귀중하게 여겨졌고, 이 식물을 재료로 한 향료용 에센셜 오일에 대한 수요는 빅토리아 시대에 절정에 달했다. 그리고 빅토리아 여왕이 라벤더에 대한 애정을 드러내면서 이 식물에 열광하는 사람이 더 늘었다. 이후 사람들이 온갖 것에 라벤더를 넣으려 하면서 영국 라벤더 화훼 산업은 급속히 성장했다.

잠깐 1770년으로 돌아가면, 당시 영국의 클리버 가문은 오늘날 야들리 런던에 해당하는 야들리를 설립했다. 품질 좋은 비누와 향수를 공급하던 회사

Lavandula
Yardley

인 야들리는 그야말로 승승장구를 거듭해 1851년에는 만국박람회에 참가할 정도였다. 그러다 1873년 다루는 제품의 가짓수가 늘면서 야들리는 잉글리시 라벤더의 시그니처 향수를 출시했는데, 이 제품은 사실상 라벤더수였다. 점점 확장되는 시장에 물품을 공급하고자 서리와 그 주변 지역의 300에이커가 넘는 밭에서 라벤더가 재배되었다.

야들리는 20세기 초에 새로운 광고 전략의 하나로 영국의 화가 프랜시스 휘틀리(Francis Wheatley, 1747~1801)의 연작 열네 점 중 하나를 채택해 디자인과 홍보에 사용했다. 1791년경에 그려진 〈런던의 외침〉이라는 이 작품은 런던 거리에서 손님을 소리쳐 부르며 장사하던 다양한 떠돌이 노점상들을 담았다.

7월 말이 되면 라벤더 상인들은 "이리 와서 라벤더를 한번 봐요, 가지 열여섯 개를 단돈 1페니에… 한번 사봐요, 써보면 옷에서 아주 좋은 향이 날 거예요!"라고 외치며 꽃을 팔곤 했다. 하지만 야들리 광고 담당자들을 사로잡은 휘틀리의 그림은 라벤더 장수가 아니라 프림로즈 장수와 그녀의 두 아이가 노란 프림로즈 바구니를 든 모습을 그린 것이었다. 결국 휘틀리의 그림이 야들리의 새로운 로고로 채택되기는 했지만 원래 그림의 프림로즈는 라벤더 다발로 대체되었다. 그리고 이 새로운

로고는 이후 '야들리 런던' 하면 떠오를 만큼 유명해졌으며, 이 회사는 유명한 제품인 올드 잉글리시 라벤더 향수, 비누, 텔컴파우더를 홍보하는 데 그 이미지를 사용했다. 심지어 도자기와 식기를 생산하는 회사인 로열 덜튼이 이 라벤더 상인의 모습을 장식용 작은 조각상으로 제작한 적도 있다. 이 조각상은 꽤 유명해져 사람들의 수집욕을 자극했다.

이어 1932년에 야들리는 다른 종의 라벤더를 얻고자 회사의 수석 화학자인 존 H. 시거(John H. Seager)를 해외로 출장 보냈다. 시거는 라벤더 재배 부문의 선도적인 권위자인 루터 J. 와이코프(Luther J. Wyckoff)와 함께 미국 워싱턴주 체임버스 대초원에서 시간을 보냈다. 지난 25년 동안 와이코프는 서로 다른 라벤더 종들을 시험하던 차였고, 앙구스티폴리아(*angustifolia*)라는 종이 품질 좋은 최고의 오일을 한결같이 생산한다는 사실을 알아냈다. 시거는 와이코프를 통해 접한 이 종의 표본에 매료되어 영국에 가져가 연구하기 위해 샘플을 채취했다. 이후 다시 방문한 시거는 앙구스티폴리아의 삽목용 절화 5,000개를 영국에 있는 야들리의 라벤더 농장으로 보내도록 주선했고 여기서 라반둘라 앙구스티폴리아(*Lavandula angustifolia*)라는 고유한 한 품종이 개발되었다. 이 품종은 오늘날까지도 야들리의 향수에 계속 쓰인다.

Lobelia cardinalis

선연한 주홍빛 꽃을 피우는 붉은숫잔대를 처음으로 정식 기록에 남긴 것은 1535년, 프랑스의 식민지였던 캐나다의 프랑스인 탐험가들이었다. 이 최초의 표본은 1621년경 프랑스로 보내졌다.

이 식물에 대한 삽화와 설명은 피에르 발레(Pierre Vallet)가 1623년에 펴낸 《가장 기독교적인 왕 루이 13세의 정원(Le Jardin du roy très chrestien Loys XIII)》에 등장한다. 이 책은 1608년에 초판이 나온 화려하기 그지없는 화훼류의 삽화 모음집이었는데, 새로운 판본에서는 20개의 도판이 추가되어 새로 발견된 식물 종들을 아울렀다. 프랑스 앙리 4세의 왕비인 마리 드 메디시스(Marie de'Medicis, 1575~1642)에게 헌정된 이 모음집은 화가와 자수공, 태피스트리 직공의 작업을 위해 식물학적으로 정확한 꽃의 그림을 묶어낸 책이었다. 이 책의 삽화는 왕실 정원의 원장인 장 로뱅(Jean Robin, 1550~1629)이 가꾸는 식물을 보고 그린 것이었다. 그런데 로뱅이 처음에 붉은숫잔대에 대해 붙인 학명은 다음과 같았다. 트라켈리움 아메리카눔 플로레 루브로, 세우 플란타 카르디날리스(*Trachelium Americanum flore rubro, seu planta Cardinalis*). 그로부터 130년 뒤에 등장한, 비교적 단순한 린네의 이명법을 보고 사람들이 안도의 한숨을 내쉬며 환영했던 이유를 어쩐지 알 수 있을 듯하다.

프랑스 탐험대가 가져온 새로운 식물을 받아 퍼뜨리는 일을 자주 했던 로뱅은 런던에 여행을 가서도 존 제라드와 정원가인 존 트레이즈캔트(John Tradescant the Elder, 1570~1638)를 만났다. 그렇게 학명이 로벨리아 카르디날리스(*Lobelia cardinalis*)인 붉은숫잔대는 로뱅을 통해 1626년에서 1629년 사이에 영국에 들어왔다.

트레이즈캔트는 마리 드 메디시스의 딸로 프랑스에서 태어난 앙리에트 마리(Henriette Marie, 1609~1669)가 머무는 영국 서리 오틀란즈 궁의 정원사로 임명되었다. 1631년에 마리는 어머니에게 이렇게 편지를 보냈다. "우리 정원에 심을 과일나무와 꽃을 얻고자 이 남자를 프랑스로 보내려 합니다. 어머니가 기꺼이 도와주시기를 간청합니다." 이 편지에서 언급한 '남자'는 트레이즈캔트일 가능성이 매우 높다. 당시 앙리에트 마리는 붉은숫잔대를 이미 잘 알고 있었는데, 1845년에 간행된 《토픽》에 따르면 '추기경의 꽃'이라는 영어권의 일반명을 붙인 사람도 마리였다고 한다. 꽃이 활짝 핀 이 식물을 받아 든 마리는 '아무리 봐도 색이 리슐리외 추기경의 붉고 긴 양말을 연상시키지만 않았다면 그 꽃을 꽤 찬탄할 만했을 것'이라고 이야기했다. 마리는 자신이 자라며 접했던 로마 가톨릭교회의 추기경들이 미사를 집전할 때 입는 주홍색의 복장을 언급하고 있었다. 리슐리외는 여러 해에 걸쳐 마리 어머니의 협력자였다가 결국 사이가 틀어진 사람이었다. 《토픽》은 "마리가 자신의 농담에 즐거워했고 이후로 그 꽃은 이름을 얻었다"라

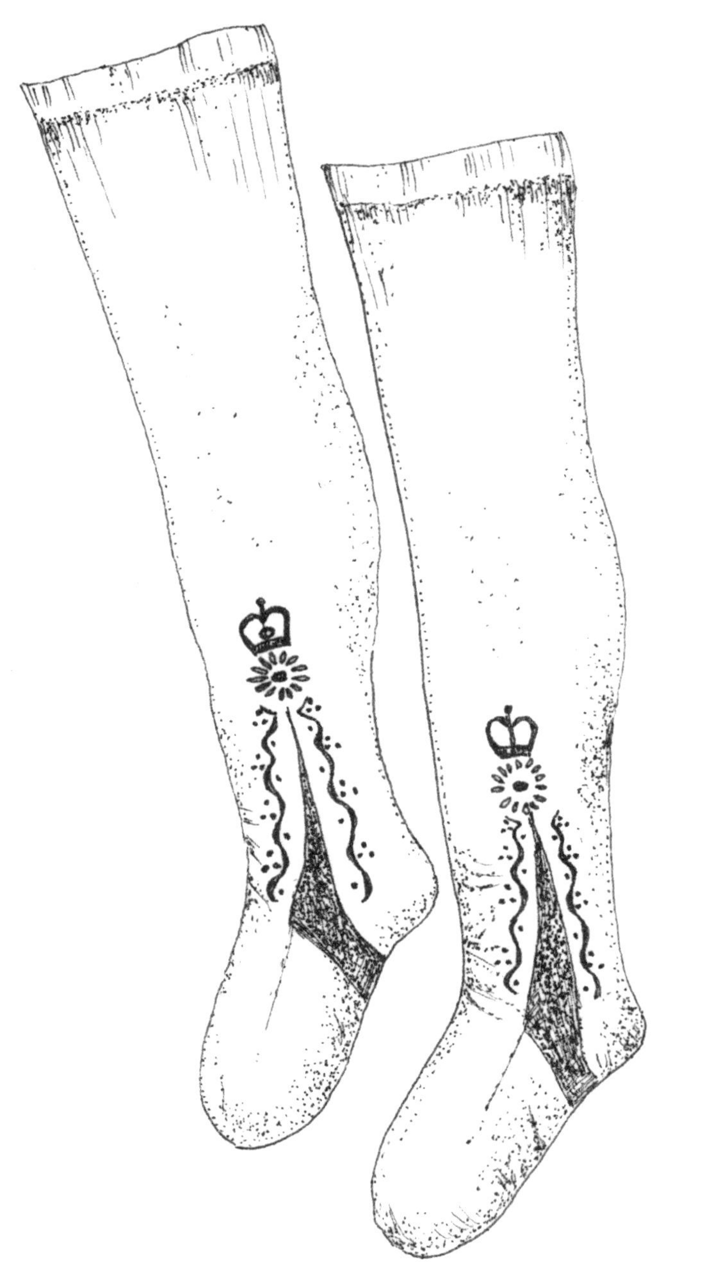

고 결론지었다.

1629년 존 파킨슨은 자신의 대표 저작《태양의 천국, 지상의 천국》을 나중에 영국 왕비가 된 앙리에트 마리에게 헌정했다. 이 책은 영국에서 최초로 저술된 원예에 관한 중요한 논문집으로 당대의 식물학자와 정원사에 대해 다룰 뿐 아니라 원예업계의 관행, 우리에게 즐거움을 주는 정원 식물에 대해서도 자세히 설명했다.

파킨슨은 이 책에서 붉은숫잔대가 "프랑스의 플랜테이션 농장이 자리한 캐나다의 강 근처에서 자란다"라고 언급하며 자신이 이 식물의 종자를 어떻게 배송받았는지에 대해서도 썼다. 그리고 꽃 색의 강렬함 때문인지 '누구보다도 용감한 식물'이라고 묘사했다. 그리고 앞서 소개한 지나치게 복잡한 학명 때문에 파킨슨은 이 식물에 '그윽한 진홍색의 추기경 꽃'이라는 별명을 붙였다.

붉은숫잔대는 독특한 꽃을 피우는 덕분에 18세기에서 19세기까지 무척 인기를 누렸으며, 많은 비평가가 이 식물의 미덕을 칭송했다. 특히 스코틀랜드의 원예학자이자 식물학자인 제임스 저스티스(James Justice, 1698~1763)는 이 꽃을 매우 좋아해 1754년에 '색의 풍성함이 어떤 꽃보다도 뛰어난 만큼, 흥미로운 정원에 빠질 수 없는 외적으로 가장 뛰어난 꽃'이라고 사람들에게 추천할 정도였다.

이렇게 역사적인 인물들의 극찬을 받은 식물의 21세기식 품종에 대해 제라드, 파킨슨, 저스티스 같은 뛰어난 정원사들은 어떻게 평가할까? 한 가지 확실한 건 이들 모두가 몇 년 전 붉은숫잔대 묘종 사이에서 발견된 비교적 새로운 미국 품종 '초콜릿 트러플'(*Lobelia cardinalis* 'Chocolate Truffle')을 손에 넣으려고 아우성칠 것이라는 점이다. 이 품종은 거의 검은색에 가까운 어두운 초콜릿 색깔 잎 위에 주홍색 꽃이 첨탑처럼 멋진 꽃차례를 이룬다. 앙리에트 마리도 분명 좋아했을 꽃이다.

적자생존의 길
루피너스

Lupinus 'Russell hybrids'

영국의 작가이자 정원 디자이너인 비타 색빌웨스트(Vita Sackville-West, 1892~1962, 123쪽 참조)에 따르면, 매년 열리는 첼시 꽃 박람회에는 항상 사람들의 이목을 집중시키는 식물이 있었다고 한다. 1939년, 색빌웨스트는 박람회에 갔다가 "오래되고 익숙한 파란색에서 벗어나 거의 다른 꽃처럼 보일 만큼 색이 다채로운 루피너스는 이번에 처음 보았다"라고 기록했다. 이 눈에 띄는 출품작은 조지 러셀(George Russell, 1857~1951)이라는 한 신사의 집념 어린 탐구의 결과였다.

여기서 1911년으로 잠깐 돌아가면, 러셀은 54세의 나이로 요크에서 프리랜서 정원사로 일했다. 러셀은 비록 정원이 없는 작은 연립 주택에서 생활했지만, 주말농장에서 과일과 채소를 길렀으며 색깔이 다양해 오래된 시골집 정원에서 선호하는 매발톱꽃속의 잡종 교배에도 손을 댔다.

어느 날 러셀은 한 의뢰인의 집에서 루피너스가 꽂힌 꽃병을 발견했다. 아마도 그 꽃은 당시 정원에서 흔하게 키웠던 다년생 루피너스가 띠는 푸르스름한 색과 붉은빛을 띤 보라색, 연한 황백색이었을 것이다. 노련한 눈썰미로 이 식물의 잠재력을 알아본 러셀은 이 꽃들의 다소 어둡고 칙칙한 색깔이 신경 쓰였다.

더 멋진 루피너스 품종을 만들기로 결심한 러셀은 일단 결과를 운에 맡기고 가능한 한 많은 씨앗을 손에 넣기 시작했다. 싹이 나오고 꽃이 피자 러셀은 가장 바람직한 개체를 찾고자 세심하게 선택에 선택을 거듭했다. 해마다 러셀은 자신의 미적 기준에 맞지 않는 묘종은 과감하게 버리며 날카로운 눈으로 이 과정을 반복했다. 그 과정을 제대로 기록하지도 않았다. 모든 일이 눈대중으로 이뤄졌다. 그야말로 적자생존의 현장이었던 셈이다.

그리고 러셀은 다른 교배업자들과는 달리 자연적인 타가 수분(다른 개체의 꽃가루를 받아 수분하는 것-옮긴이)을 막지 않았다. 호박벌이 중심적인 역할을 하는 자연스러운 수분이 그대로 이루어지게 내버려둔 것이다. 호박벌은 꽃꿀을 모으기 위해 꽃에 앉았다가 꽃가루를 묻히고 떠나는 동안 꽃의 용골판을 자기 몸무게로 누른다.

얼마 지나지 않아 루피너스가 주말농장의 규모를 넘어 너무 많이 자라자 러셀은 두 번째 텃밭을 일구기 시작했다. 그렇게 23년이 흐르면시 러셀의 눈앞에 새롭고 흥미로우며 다양한 색을 띤 보다 작고 탄탄한 꽃이 첨탑 같은 꽃차례를 이루며 서서히 나타나기 시작했다.

러셀은 루피너스를 재배하고 개량하는 시간 동안 씨앗이나 식물을 파는 것은 단호하게 거절했고, 이웃 사람들은 농장 울타리 너머로 경외심을 품고 지켜보았다. 이 농장에서 벌어진 러셀의 실험은 육묘장 관계자들의 관심을 끌었고 그들은 지금까지 개량한 루피너스를 번식시킬 권리를 달라고 러셀에게 주기적으로 거액을 제안했다. 하지만 러셀이 자신의 식물들은 아직 세상에 나갈 준비가 되었다고 여기지 않았기에 이 제안은 모두 거절당했다.

마침내 1935년이 되어 울버햄프턴 인근 코드솔에 자리한 베이커 육묘장의 운영자 제임스 베이커(James 'Jimmy' Baker)가 러셀을 찾아와 자신이 개량된 루피너스를 선전하고 퍼뜨리겠다고 제안하고 나서야 변화가 생겼다. 루피너스가 자라날 곳 근처에 집을 한 채 제공하겠다고도 제안했다. 결국 금액에 대한 언급은 전혀 없는 상태에서, 이제 70대가 된 러셀은 이제 '러셀의 루피너스'라고 불릴 식물의 전반적인 생산 과정을 여전히 스스로 통제하겠다는 단서와 함께 거래를 승낙했다. 요크에서 재배되던, 줄잡아 1,500포기는 되는 식물이 러셀의 새 집이 기다리는 베이커의 30에이커짜리 보닝게일 부지로 옮겨졌다.

그렇게 조지 러셀이 식물 개량을 시작한 지 25년이 넘은 1937년의 첼시 꽃 박람회에서 그의 루피너스는 마침내 사람들 앞에 공개되었고, 당연히 금메달을 획득했다. 그해 8만 명이나 되는 인파가 놀랍도록 다채로운 색깔의 루피너스를 직접 보기 위해 보닝게일 육묘장으로 몰려들었다. 이듬해에는 식물이 처음으로 일반인들에게 제공되었다. 사업은 무척 성공해서 러셀의 루피너스 씨앗은 귀중한 상품이 되었고, 자루에 담겨 은행 금고에 보관되었다. 러셀은 결국 자기가 바라던 이상적인 꽃을 만들어냈고 모두가 즐기도록 세상에 내놓았다.

그러다 러셀은 1951년 94세의 나이로 사망했고, 코드솔 근처 보닝게일에 묻혔으며 망자의 요청에 따라 무덤에는 묘비가 세워지지 않았다. 세상을 떠나던 해에 러셀은 원예업계에서 이룬 공로를 인정받아 대영제국 5등급 훈장을 받았다.《타임스》는 "러셀은 구식의 파란색 루피너스를 영원히 세상에서 쫓아냈다"라는 부고를 실었다.

빅토리아 메리 색빌웨스트는 오늘날 별명인 '비타'로 사람들에게 더 잘 알려져 있다. 시인이자 어느 정도 명성을 얻은 작가인 비타는 남편 헤럴드 니컬슨(Harold Nicolson)과 함께 1930년에 구입한 켄트 시싱허스트 성에 정원을 조성한 것으로 알려져 있다. 아내 비타가 본능적으로 뭔가를 심기 시작하면 헤럴드는 식물을 기댈 틀을 만들었고, 그렇게 각각 다른 주제와 색깔을 가진, 오늘날 꽤 유명해진 일련의 정원 '방' 속에 식물이 우거진 화단이 조성되었다. 비타는 정원 일에 필요한 자금을 얻고자 1946년에서 1961년 사이에《옵저버》신문에 매주 정원 가꾸기에 대한 칼럼을 썼다. 이 칼럼은 나중에 재미있고도 유익한 책들인《당신의 정원에서(In Your Garden)》,《다시 당신의 정원에서(In Your Garden Again)》, 그리고《또한 당신의 정원을 위해(More For Your Garden)》로 묶여 출간되었다. 하지만 이처럼 정원 일에 애정을 품었음에도 어떤 식물이 곧 죽을 것 같은데 어떻게 해야 하느냐는 질문을 받으면 비타는 이렇게 대답하곤 했다. "안됐지만 나는 그 문제를 잘 모르고 사실 별로 신경 쓰지 않는다."

오리건포도

Mahonia aquifolium, Berberis aquifolium(이명)

뿔남천이라고도 하는 오리건포도의 학명 마호니아 아퀴폴리움(*Mahonia aquifolium*)은 고국의 정치적 혼란에서 벗어나고자 아일랜드를 떠나 미국으로 건너간 망명자 버나드 맥마흔(Bernard McMahon, 또는 M'Mahon, 1775~1816)을 기리기 위한 이름이다. 마침내 필라델피아에 정착한 맥마흔은 얼마 지나지 않아 업살 식물원이라는 이름의 묘목장 겸 식물원을 설립했는데, 이를 통해 그가 이전에 원예 기술과 식물학을 훈련받고 경험했음을 알 수 있다. 하지만 당시 맥마흔은 자신이 미국 대통령의 긴밀한 협력자가 될 것이라든지, 탐험대의 중추적인 역할을 맡아 결국 오리건포도를 널리 퍼뜨려 재배하게 될 것이라는 사실을 전혀 알지 못했다.

1803년, 제3대 미국 대통령 토머스 제퍼슨(Thomas Jefferson, 1743~1826)은 비서인 메리웨더 루이스(Meriwether Lewis, 1774~1809)와 탐험가 윌리엄 클라크(William Clark, 1770~1838)에게 정부의 지원과 함께 미국 서부를 탐험하는 임무를 맡겼다. 이 탐험은 식민지 시대의 기준으로는 아직 '주인이 나타나지 않은' 태평양 북서부 지역에 집중되었다. 이 탐험을 계획한 장소가 바로 맥마흔의 자택이었다.

탐험이 진행되는 동안 루이스와 클라크는 수백 개의 표본과 자연에서 온 진기한 수집품을 모아 워싱턴 D.C.의 제퍼슨에게 보냈다. 이때 식물과 씨앗들은 맥마흔이 맡아두었는데, 당시 그가 새로이 채집된 식물 표본(엄밀하게 따지면 정부의 자산인)

의 큐레이터 역할을 했기 때문이었다. 맥마흔은 이 표본 식물을 자신의 양묘장에 격리한 채 비밀리에 길러야 했다. 그러다 루이스는 워싱턴과 오리건주 사이의 컬럼비아강 근처에서 마호니아 아퀴폴리움을 처음 발견했다. 이 식물은 독특한 노란색 꽃에 뒤이어 포도송이와 비슷한 거무튀튀한 보라색 열매가 열렸기 때문에 '오리건포도'라는 일반명이 붙었다.

맥마흔은 미국에서 이 식물을 최초로 재배한 인물이었다. 물론 오리건포도는 원주민들의 손에서 민족 식물학적인 긴 역사를 써왔는데, 원주민들은 의학적 용도로 두루두루 이 식물을 활용했다. 뿌리와 속껍질은 선명한 노란색 염료를 만드는 재료가 되며 잘게 찢으면 바구니를 만들 수 있었다. 맥마흔은 새로 얻은 씨앗에서 자란 식물이 이렇게 다양한 쓸모가 있다는 사실을 알고 무척 흥분해 제퍼슨에게 연달아 편지를 보내며 논평을 썼다.

탐험대의 식물 표본은 맥마흔의 집에 같이 머물던 독일 출신 식물학자 프레더릭 퍼시(Frederick Pursh, 1774~1820)에게 넘겨졌으며 그는 표본 분류 작업을 맡았다. 처음에 퍼시는 이 식물에 레위시아 일리키폴리아(*Lewisia ilicifolia*)라는 학명을 붙이고자 했지만 이내 마음을 바꿔 먹고 기존에 존재하던 매자나무속(*Berberis*)에 집어넣었다. 그에 따라 이 식물의 학명은 일단 베르베리스 아퀴폴리움(*Berberis aquifolium*)이 되었고 퍼시가 1813년에 출간한 책

《북아메리카의 식물상(Flora Americae Septentrionalis)》에도 이렇게 실렸다.

이후 뉴욕 플러싱에 자리한, 린네 식물원이라고도 알려진 프린시즈 육묘장에서 오리건포도의 인기는 어느 때보다도 치솟았다. 이 식물은 홀리 리프 바베리, 또는 베르베리스 아퀴폴리움이라는 이름으로 25달러라는 엄청난 가격에 팔렸다. 육묘장 주인인 윌리엄 프린스는 이런 상황에 대해 "여러 사람이 불필요하게 주의를 기울인 끝에 이 식물을 연약한 관목으로 취급해 죽이고 있다"라며 탄식했다.

그러던 중 우연히 1823년, 스코틀랜드의 젊은 식물학자 데이비드 더글러스(David Douglas)가 이 지역을 방문했고 일기에 다음과 같이 적었다. "우리는 오늘 아침 8시에 플러싱을 향해 출발했고 프린스 씨의 농장을 방문했다. 적당히 자유로운 성정의 프린스 씨는 베르베리스 아퀴폴리움의 좋은 표본을 갖고 있었다." 더글러스는 맥마흔의 육묘장도 방문했지만 그를 만나지는 못했다. 그래도 이후 더글러스가 런던의 원예 협회로 보낸 짐꾸러미 안에는 오리건포도가 있었다. 이렇게 1820년대 들어 영국에 도입된 오리건포도는 여느 새로운 식물들과 마찬가지로 한 포기당 10파운드로 매우 비쌌다. 그러다 1837년까지 증가한 수요에 발맞추어 공급 역시 증가하면서 가격은 5실링으로 급락했지만 여전히 값비쌌다.

맥마흔은 원예나 장식적인 측면에서 토착 식물이 갖는 가치를 인정하고 지지한 최초의 양묘업자 중 한 사람이었다. 그는 자신이 펴낸 수많은 출판물 속에서 집 근처를 탐색해도 가치 있는 식물을 찾을 수 있다고 독자들을 격려하곤 했다. 그리고 맥마흔이 사망한 지 2년 뒤인 1818년, 그의 양묘장에 자주 손님으로 왔던 토머스 너털이 마호니아(Mahonia), 즉 뿔남천속을 처음 만들었다. 너털은 저서《북아메리카의 식물 속》에서 자신이 이름 붙인 새로운 속은 '식물학에 대한 열정적인 애정을 보였으며, 유용하고 장식적인 원예 식물을 성공적으로 소개한 고(故) 버나드 맥마흔을 기리기 위함'이라고 설명했다.

이후 1899년, 오리건포도는 미국 오리건주의 꽃으로 선정되었다. 오늘날 필라델피아 드렉셀 대학 자연과학 아카데미가 소장한 '루이스와 클라크 식물 표본집'에 포함된 226개의 압착, 건조를 거친 원본 표본 가운데 이 종도 들어간다.

그동안 맥마흔은 제퍼슨 대통령에게 정원 일에 대한 조언을 주었던 인물로 묘사되었으며 1806년에 그가 펴낸 인기 도서《미국 정원사의 달력(The American Gardener's Calendar)》은 제퍼슨이 원예 분야의 성경으로 여기는 책이라 알려졌다. 원예에 대한 맥마흔의 조언과 식물을 심는 아이디어 대부분은 제퍼슨 대통령의 개인 농장이었던 몬티첼로 정원에 실현되어 있다. 황금빛 노란 꽃을 피우며 여러 계절에 걸쳐 사람들의 관심을 받는 오리건포도의 학명 마호니아 아퀴폴리움과 맥마흔의 이름이 영원히 이어지게 되었으니, 모험심 넘쳤던 한 젊은 아일랜드인은 나쁘지 않은 대접을 받았다고 해야 할 것이다.

데이비드 더글러스

David Douglas, 1799~1834

1823년, 스코틀랜드의 식물 채집가 데이비드 더글러스는 런던 원예 협회를 대표해 세 번에 걸쳐 북아메리카의 태평양 해안 지대를 탐사했다. 이후 더글러스는 240종 넘는 식물을 영국에 소개했고, 나중에는 여러 공원이나 정원, 사유지의 모습을 뒤바꿀 여러 커다란 침엽수의 종자를 처음으로 채집했다. 이 나무 중 주목할 만한 종이 1827년에 채집된 더글러스전나무(*Pseudotsuga menziesii*)였다. 이 나무의 종명(*menziesii*)은 30년 전 비슷한 지역을 탐험했던 스코틀랜드의 라이벌 식물학자 아치볼드 멘지스(Archibald Menzies)를 기리며 지어진 것이다. 더글러스의 표본은 빅토리아 시대의 정원을 풍성하게 했으며, 넓은 사유지에서는 소나무나 다른 침엽수들의 모음인 '피네타'가 유행하게 되었다. 더글러스는 하와이에서 숨을 거뒀는데 그 정황은 잘 알려지지 않았다. 그의 묘비에는 "지치지 않은 여행자, (…) 과학의 희생양이 되어 숨을 거두다"라는 비문이 새겨져 있다.

내 집처럼 편안한 꽃
<u>스토크</u>

Matthiola incana 'Brompton stock'

비단향꽃무라고도 불리는 스토크는 향이 강한 많은 꽃들이 그렇듯 16세기에서 17세기에 매우 인기 많은 정원 식물이었다. 인기가 절정에 달했을 무렵 존 제라드는 이 식물을 약재로 사용하는 사람들에 대해 꽤 분개했던 것으로 보였지만 자세히 설명하지는 않았다. 제라드는 저서 《약초》에서 비밀스러운 어투로 "그 식물은 단지 경험주의자들과 돌팔이들 사이에서 내가 굳이 자세히 밝히지 않는 애정과 욕정 관련한 문제를 해결하기 위해 쓰였다"라고 설명한다. 보통 자신의 의견을 솔직하게 말하는 제라드이기에 이런 비밀주의는 다소 흥미를 자아낸다.

1714년 이전에 런던의 브롬프턴 파크 육묘장에서 이 종의 특별히 아름다운 진홍색 겹꽃 하나가 발견된 적이 있다. 그러다 1724년에 이르러 더 많은 색이 나오면서 이 꽃은 '브롬프턴 스토크 길리플라워'로 알려지게 되었다.

유쾌함을 안기는 이 꽃들은 나중에 원예 작가인 헨리 필립스와 함께했던 괴팍한 여행 동료를 매혹시켰다. 1824년 필립스는 자신이 1814년 여름 노르망디로 떠났던 여행에 대해 묘사했는데, 당시 일행이었던 신사 한 명은 프랑스에서 마음에 드는 구석을 전혀 찾지 못했다. 그는 묽은 수프, 쓴 커피, 알아들을 수 없는 언어부터 지나치게 직선으로 뻗은 도로까지 모든 것을 불평했다. 그뿐만 아니라 여자들이 매력적이지 않으며 속치마가 너무 짧고, 완두콩마저 쓸데없이 달콤하다고 생각했다. 여행 동료가 끊임없이 투덜거리는 소리를 듣던 사람들은 까다로운 신사를 더 자극할 오래된 시골 여관을 발견했다.

신사는 눈에 띄는 여관의 단점을 전부 이야기하고 싶어 입이 근질거리는 듯하다가 창문 너머로 꽤 아름다운 스토크가 여러 포기 자라는 작은 정원을 힐끗 내다보았다. 그리고 신사는 얼굴에 미소를 지으며 자신이 서식스를 떠난 이후로 처음 본 마음에 드는 광경이라고 말했다. 신사가 그 식물이 브롬프턴 스토크인지 묻자 여관 여주인은 그 식물이 정말로 '지로플리에 드 브롱프통(Giroflier de Brompton)'이라고 알려주었다. 그러자 신사는 즉시 그 자리의 일행 전체에게 밤께 점심 식사를 대접하겠다고 주장했다. 이제 얌전해진 이 신사는 출발할 때가 되자 단춧구멍에 스토크를 꽂은 뒤 날아갈 듯한 걸음으로 떠났다. 여행의 나머지 일정 동안에도 신사는 가끔씩 "이건 다 브롬프턴 스토크 덕분이에요!"라고 외치곤 했다. 아마도 그는 제라드가 절대 우리에게 나누어 주지 않을 식물이 무엇일지 알았을 것이다.

분꽃

Mirabilis jalapa

그 다양한 색깔이 눈에 띄는 분꽃은 1519년 스페인 사람들이 도착하기 훨씬 전부터 중앙아메리카와 남아메리카 등지에서 재배되었다. 심지어 오늘날에도 이 지역 전역의 고대 유적들 틈에서 이 식물을 발견할 수 있다. 분꽃은 약으로 쓰기 위해서뿐만 아니라 아름답고 향기로운 꽃을 관상하기 위해서도 재배되는데, 하룻밤 동안만 피고 지며 다음날 밤에는 새 꽃이 핀다. 그래서 프랑스인들은 이 꽃을 '밤의 아름다움'이라는 뜻을 지닌 '벨 드 뉘(Belle de nuit)'라고 부른다. 야행성 꽃가루 매개자에 의해 수분되는 식물 대부분이 그렇듯이, 어둠이 내리면 오렌지꽃과 비슷한 꽃향기가 짙어지면서 이 향으로 매개 생물을 끌어들인다.

1540년에는 스페인 사람들이 이 식물의 씨앗을 유럽으로 다시 가져왔다. 그래서 1597년 존 제라드기 《약초》를 썼을 무렵 그는 몇 년에 걸쳐 분꽃을 키우던 참이었다. 이 식물은 다육질의 덩이뿌리를 가졌는데, 제라드는 달리아를 다루듯 이 뿌리를 들어 올려 모래를 채운 작은 나무통 안에 넣고 겨울을 나게 했다. 또 제라드는 이 식물의 꽃이 강렬한 색상 대비를 보인다고 칭찬했는데, 예컨대 꽃은 빨간색, 흰색, 분홍색, 노란색의 조합일 수도 있고 경우에 따라서는 줄무늬나 얼룩덜룩한 무늬가 조합될 수도 있다. 속명인 미라빌리스(*Mirabilis*)는 '놀랄 만한(admirabilis)'이라는 단어가 줄어든 것인데, 확실히 이 식물은 놀랄 만한 성질이 있다. 또 이유를 알 수 없는 경이로운 식물학적 원리 때문에, 분꽃은 보통 4시경에 꽃을 피우는 터라 '4시의 식물'이라는 일반명을 갖게 되었다.

린네 역시 1751년 저서인 《식물 철학(Philosophia Botanica)》에 분꽃을 포함한 특정 식물들이 하루 중 특정한 시간에 어떻게 계속 꽃봉오리를 여닫는지를 몇 년에 걸쳐 관찰한 결과를 실었다. 그리고 린네는 꽃이 피는 시간 순서대로 각기 다른 식물들을 배열할 수 있다면, 꽃으로 시간을 알아내는 '꽃시계'를 만들 수 있다고 결론지었다.

흥미롭게도 원산지에서는 분꽃이 꽃봉오리를 여는 시간이 거의 정해져 있다고 한다. 이 식물은 눈에 띄는 곳에 재배되어 시간을 알아내는 데 쓰이곤 했다.

38

신사의 내기
채텀섬물망초

Myosotidium hortensia, Myosotidium nobile(이명)

뉴질랜드 동쪽 해안에서 약간 떨어진 채텀제도의 토착종인 채텀섬물망초는 미오소티디움속(*Myosotidium*)의 유일한 종이다. 이 종의 표본은 1838년 장 바티스트 세실(Jean Baptiste Cécille) 선장에 의해 섬의 한 정원에서 수집되었고, 1846년에 벨기에의 식물학자이자 파리 식물원의 원장인 조제프 드케즌(Joseph Decaisne, 1807~1882)이 처음으로 그 특성을 기술했다. '죽은 사람의 손가락 나무'라는 불길해 보이는 이름을 가진 식물의 속명 데카이스네아 파르게시이(*Decaisnea fargesii*)에 그의 이름이 등장한다.

1849년, 하트퍼드셔 세인트올번스 출신의 플로리스트인 왓슨이 이 식물을 런던 원예 협회에 발표했을 때 정원사들은 흥분하며 주목했다. 이 식물은 '깊이 이랑이 패이고 광택이 나는 진한 초록색 잎사귀'를 가지며 '물망초와 비슷한 연한 푸른색이지만 가가 가장자리가 흰색인 굉장히 아름다운 꽃'을 피운다고 묘사되었다.

이처럼 멋진 식물인 만큼, 채텀섬물망초는 재배하고 상태를 유지하기가 약간 까다로운 것으로 알려졌다. 그동안 여러 재배법이 각기 다른 정도로 성공을 거뒀는데, 이 가운데는 썩은 물고기 떼와 해초, 상어 사체를 이용하는 방식도 있다. 이 방법이 효과가 있는 것은 이 식물의 서식지가 만조의 최대 수위 지점 바로 위일 것이라 추정되기 때문이다. 재배를 실패하기 일쑤인 이 식물의 특성은 이런 까다로운 요구 사항을 만족시킬 시간과 돈을 갖춘 부유한 빅토리아 시대 영국 본토 상류층의 관심을 끌었다. 당시 스코틀랜드 서해안, 아일랜드, 콘월 같은 곳에서는 지주들이 이 지역과 비슷하게 축축한 해양성 기후를 띤 전 세계 여러 지역에서 가져온 식물로 가득 찬 이국적인 해안 정원을 조성하기 시작했다. 이들은 고용한 수석 정원사들에게 이 커다란 물망초류가 보다 크고 반짝이는 이파리를 키워내도록 소중히 보살펴야 한다고 당부했다.

그뿐만 아니라 당시 유행했던 숲 지대의 정원에도 사시사철 아름다운 초록색 잎을 감상할 수 있는 이 식물이 적합했다. 매년 정원 주인들은 누가 이 식물의 잎을 가장 크게 키워낼지로 내기를 하곤 했다. 채텀섬물망초는 잘 키우면 꽤 멋지지만 결과는 극단적이다. 정말 잘 자라거나, 아니면 완전히 실패하거나로 극명하게 나뉜다. 적어도 내가 내륙 지방인 슈롭셔에서 재배하려 시도했을 때는 실패하고 말았다.

39

잔뜩 바람을 맞은 꽃
시클라멘수선화

Narcissus cyclamineus

잊지 않으려고 기록해둔 바에 따르면, 여러 해 전 내가 필수로 수강해야 하는 두려운 식물 분류 수업에서 나는 훌륭한 원예학 강사를 통해 시클라멘수선화를 처음 접했다. '오토바이 뒷자리에 탄 매력적인 금발 미녀.' 이것이 이 식물에 대한 나의 첫인상이었다. 이 선명하고 강렬한 황금빛 수선화의 원산지는 포르투갈과 스페인 남부다. 이 식물은 시클라멘 꽃을 연상케 할 만큼 가늘고 긴 트럼펫 모양의 꽃이 뒤로 넘어간 독특한 모양을 하고 있어서 이런 이름이 붙었다. 하지만 시클라멘수선화는 작고 별난 식물치고는 놀라운 역사를 지녔다.

그리스 신화에 등장하는 잘생긴 청년 나르키소스의 이야기는 우리에게 아주 친숙하다. 그는 웅덩이에 잔잔하게 고인 물 위에 비친 자신의 아름다운 얼굴을 흘깃 보고는 자기 모습과 사랑에 빠졌다. 넋을 잃고 아름다운 자신의 모습만 하염없이 바라보던 나르키소스는 점점 여위어 죽어버렸고, 그 자리에 수선화가 피어났다. 나르키소스의 이름을 따서 수선화의 속명(*Narcissus*)이 지어졌고 자기애주의자를 가리키는 '나르시시스트'라는 단어 역시 여기서 나왔다. 꽃말을 살펴보면 수선화는 자기중심주의, 허영심과 이어진다.

시클라멘수선화라 불리는 나르키수스 키클라미네우스(*Narcissus cyclamineus*)에 대한 최초의 기록 중 하나는 화가 피에르 발레가 1608년에 펴낸《가장 기독교적인 왕 앙리 4세, 프랑스와 나바레의 왕

이 꾸민 정원(Le Jardin du roy très chrestien Henry IV, Roy de France et de Navare)》(2판은 1623년에 출간되었고 새로 즉위한 왕 루이 13세에게 다시 헌정되었다)에 등장한다. 그 후 르네상스 시대에 주로 꽃을 그리던 프랑스의 화가인 다니엘 라벨(Daniel Rabel, 1578~1637)은 시클라멘수선화를 비롯해 같은 속의 다른 종들을 재배했고, 1622년에 펴낸 훌륭한 꽃 모음집인《꽃의 극장(Theatrum florae)》에 이 꽃들에 대한 그림과 함께 설명을 곁들였다. 7년이 지난 1629년에 존 파킨슨 역시 저서《태양의 천국, 지상의 천국》에서 이 작고 독특한 꽃에 대해 묘사했으며, 여기에 더해 당시 영국에서 재배되고 있던 93종류의 흔치 않은 다른 수선화들에 대해서도 실었다. 하지만 라벨과 파킨슨의 정원에서 비롯된 이 종들의 대부분은 수백 년의 세월을 지나며 더 이상 재배되지 못하고 완전히 사라졌다.

그러다 1837년, 딘 허버트(Dean Herbert)라고도 불리는 목사 윌리엄 허버트(William Herbert, 1778~1847)가 시클라멘수선화를 그린 17세기 무렵의 삽화 하나를 우연히 발견했다. 하지만 수선화를 비롯한 구근 식물의 교배 분야에서 선도적인 전문가였던 허버트는 "그런 터무니없는 식물이 애초에 존재했을 리가 없다"라고 콧방귀를 뀌며 일축하고 말았다. 아무리 전문가라도 이렇듯 완전히 헛다리를 짚곤 한다.

그러다 마침내 '수선화의 왕' 피터 바(Peter Barr,

1826~1909)가 등장했다. 그는 수선화에 대한 크나큰 열정을 품은 나머지 영국과 유럽 대륙에 알려진 모든 종류의 수선화를 채집하기로 다짐한 인물이다. 그는 부지런히 오래된 약초 더미를 뒤지는 한편 16세기에서 17세기에 나온 출판물들, 특히 파킨슨의 두꺼운 책을 샅샅이 훑은 다음, 더 이상 재배되지 않는 이 식물들의 목록을 정리해 정원에 다시 내놓기로 결심했다. 이렇게 노력을 기울이는 가운데 바는 포르투(오포르투라고도 불리는)에 거주하는 영국계 포르투갈 사람인 식물학자 앨프리드 윌비 테이트(Alfred Wilby Tait, 1847~1917)를 포함한 국내외 전문가들과 대화를 나누었다. 테이트는 정기적인 통신원이 되어 '파킨슨의 잃어버린 수선화'를 되찾고자 바를 도왔다.

그러던 1886년, 테이트는 시클라멘수선화 구근 몇 개를 바에게 보냈고, 바는 구근을 길러 꽃이 피자 영국 원예 협회의 박람회에 출품해 1등 증서를 받았다. 같은 달 바는 여행을 떠났으며 그의 첫 번째 목적지는 포르투에 있는 테이트의 집이었다.

바는 수선화를 찾으면서 자신이 발견한 표본이 무엇인지 정확하게 확인하기 위해 파킨슨의 판화를 끊임없이 참조했다. 5월 초, 보다 멀리 떨어진 곳으로 떠난 바는 포르투갈 국경과 가까운 스페인의 비고에 도착했고 그곳에서 한 가족이 머무는 오두막을 발견했다. 바가 이 가족에게 시클라멘수선화의 삽화를 보여주자 오두막에서 멀지 않은 지역으로 안내를 받았는데, 그곳에서 그는 풍부하게 자라고 있는 이 식물의 군락을 발견했고 런던 육묘장에 팔 막대한 양의 구근을 얻었다.

5개월 동안 식물을 채집한 뒤, 바는 잠시 집에 돌아갔다가 7개월 뒤에 채집 현장으로 복귀했다. 바는 새로 발견된 이 식물에 이제 완전히 매료된 나머지 거의 3,000개에 달하는 구근을 더 채취했으며, 나중에 육묘장 카탈로그에 '한동안 잊었다가 200~300년이 지난 뒤 다시 재배하게 된 꽃'이라는 광고 글을 올렸다.

하지만 당시에 수선화는 유행에 뒤져 인기가 별로 없었다. 그래도 점점 관심을 보이는 사람도 늘어난 데다 휴면 상태의 구근을 운반하기가 쉬웠기 때문에 바는 다양한 종들이 자라나는 지역을 탐색했다. 그 결과 1890년대까지 바는 야생에서 채집한 수천 개의 표본을 가져와 정원에 심고 서로 교배했다. '파킨슨의 잃어버린 수선화'를 바가 실제로 얼마나 많이 찾았는지는 확실하지 않지만, 적어도 다음과 같은 질문은 던질 수 있다. 딘 허버트가 야생에서 꽤 희귀한 시클라멘수선화의 살아 있는 표본을 실제로 봤다면 뭐라고 말했을까?

존 파킨슨

영국 왕실의 약제학자이자(제임스 1세와 찰스 1세 밑에서 모두 일했던) 식물학자였던 존 파킨슨은 약용, 또는 다른 실용적인 용도보다는 장식용으로 정원 식물을 재배한 최초의 인물 중 한 사람이었다. 그의 1629년 저서인 《태양의 천국, 지상의 천국》(원제인 *Paradisi in Sole Paradisus Terrestris*는 말장난처럼 'Park-in-sun's earthly paradise[파킨슨의 지상 낙원]'으로 번역된다)은, 식용이나 약용 식물을 키우는 정원과 달리 사람에게 즐거움을 주는 정원에서 키울 법한 거의 1,000종의 식물에 대한 삽화와 설명을 실은 식물 역사의 중요한 저작이다. 파킨슨은 런던 코번트 가든 근처의 롱 에이커에 정원을 가지고 있었는데, 그는 경험을 토대로 이 정원을 가꿨고 이곳이 '희귀한 식물로 가득하다'고 자랑했다. 한편 두 번째 저서인 《식물 극장(Theatrum botanicum)》(1640)에서는 토착종과 외래종 식물 약 3,800종류를 다뤘으며 전체를 17개의 범주로 나눴다. 그 가운데는 '독해서 졸음을 불러일으키고 몸에 해를 입히는 식물들'도 있다. 파킨슨은 자신의 책이 전 세계 방방곡곡에서 온 온갖 식물을 아우를 수 있다고 믿었고, 그래서 책의 부제를 '약초에 대해 광범위하게 다루는 책'으로 붙였다.

40

고양이가 모르게 심는 방법
개박하

Nepeta 'Six Hills Giant'

영국의 식물학자 존 레이(John Ray, 1627~1705)는 개박하에 대해 이렇게 말했다. "여러분이 그 식물을 땅에 심으면 고양이들이 차지할 것이다. 씨앗부터 심어야 고양이들이 모른다." 개박하는 식물일 때 옮겨 심으면 조금 상처를 입으면서 휘발성 기름을 방출하는데 이 기름 성분의 유혹을 거부하지 못하는 고양이들은 개박하를 뜯거나 망가뜨린다. 하지만 씨앗을 뿌려 기르면 우리의 고양이 친구들은 눈치 채지 못할 것이다.

개박하 가운데서도 네페타 '식스 힐스 자이언트'(*Nepeta* 'Six Hills Giant')라는 훌륭한 식물을 우리에게 처음 소개한 사람은 영국의 원예가이자 채집가, 육묘업자인 클래런스 엘리엇(Clarence Elliott, 1881~1969)이다. 엘리엇은 새로운 식물을 탐색하기 위해 이곳저곳을 널리 여행했는데, 그러는 동안 그가 지켰던 하나의 신조가 있다면 '정원에서 보기 좋게 잘 자랄 식물을 채집해야 한다'였다. 식물을 찾아 전 세계를 돌아다니지 않는 동안, 그는 영국 하트퍼드셔 스티버니지에 있는 자신의 '식스 힐스 육묘장'을 운영했다. 그리고 주말에는 정원에 키울 만한 식물을 찾고자 영국 전역의 오래되거나 때로는 아예 잊힌 정원이며 육묘장을 방문했다. 엘리엇이 한 작은 정원에서 무리 지어 자라는 '네페타 무시니이(*Nepeta mussinii*)'를 발견한 것도 식물 채집 여행 중에 있었던 일이다. 이때 한 개체는 다른 개체보다 머리 하나만큼 키가 컸으며 꽃도 더 컸다. 엘리엇은 어떻게든 그 식물의 줄기를 손에 넣어 1935년, 적당한 때에 사람들에게 나눠주었다. 그 결과 '식스 힐스 자이언트'는 잘 알려지지 않은 정원에서 온 잡종이 되었다. 하지만 사람들은 전국 방방곡곡에서 정원 꽃밭의 경계를 표시하기 위해 이 식물 여럿을 한꺼번에 심었다.

엘리엇의 육묘장 이름인 '식스 힐스'는 스티버니지 남쪽에 있어 육묘장과 가까웠던 로마 시대의 도로 옆에 있는 여섯 개의 로마노 브리티시 봉분에서 비롯했다. 이 로마 도로는 오늘날의 그레이트 노스 로드다. 식스 힐스 봉분은 영국에 현존하는 가장 큰 봉분 무리이며, '지정 고대 건축물'로 분류된다. 이후 엘리엇의 육묘장이 1954년에 문을 닫으면서 오늘날 여섯 개의 봉분은 건물이 가득 들어선 지역 한가운데의 초록색 섬 위에 서 있다.

'식스 힐스 자이언트'가 비록 보통의 개박하만큼 온갖 고양이들을 맹렬하게 유혹하는 풀은 아니지만, 그래도 우리 집 귀여운 검은 고양이는 내 정원에 자라는 이 식물을 좋아해서 주기적으로 몸을 날려 즐기곤 한다.

41

달빛 정원에서 빛나는 꽃
알라타꽃담배

Nicotiana alata, Nicotiana affinis(이명)

미국의 정원 디자이너이자 작가인 루이스 비비 와일더(Louise Beebe Wilder, 1878~1938)가 1916년에 출간한 저서 《나의 정원(My Garden)》에는 알라타꽃담배에 대한 찬사뿐이다. 예컨대 이런 대목이 그렇다. '이 담배속 식물이 풍기는 향은 밤에 특히 기분 좋으며, 관 모양의 꽃들은 달빛이 비치는 정원에서 매우 매혹적이다.'

'달빛 정원'이라 해서 정원을 밤에 즐긴다는 개념은 예전부터 있었다. 달빛을 반사해 환하게 빛나는 식물들을 활용해서 정원에서 누리는 즐거움을 밤중까지 연장하는 것이다. 게다가 이런 꽃들은 밤에 활동하는 꽃가루 매개자들을 끌어들이고자 저녁에 향기가 더 진해지곤 한다. 인류 최초의 달빛 정원으로는 인도 타지마할 맞은편에 자리한 메흐타브 바그를 꼽을 수 있다. 이곳은 궁전을 전망할 수 있는 완벽한 장소를 만들어달라는 의뢰를 받아 1630년대에 조성되었다. 알라타꽃담배 역시 분명 이 멋진 정원에서 자랑스럽게 한 자리를 차지했을 것이다.

담배속을 뜻하는 니코티아나(*Nicotiana*)라는 이름은 니코티아나 타바쿰(*Nicotiana tabacum*)을 유럽에 소개했던 포르투갈 주재 프랑스 대사 장 니코(Jean Nicot, 1530~1600)를 기념하기 위해 지어졌다. 그뿐만 아니라 니코는 니코틴이라는 성분명에도 이름을 올리는 결코 좋다고만 할 수 없는 특권을 얻었다. 하지만 원예업계에 최초의 관상용 담배속 식물

알라타꽃담배가 나타나기까지는 그 뒤로 270년이 더 흘러야 했다.

알라타꽃담배에 대해 처음 기술한 것은 1830년 요한 하인리히 프리드리히 링크(Johann Heinrich Friedrich Link)와 크리스토프 프리드리히 오토(Friedrich Otto)의 저서인 《베를린 식물원의 희귀 식물 삽화집(Icones plantarum rariorum horti regii botanici Berolinensis)》이었다. 이 식물들은 독일의 식물학자이자 박물학자인 프리드리히 젤로(Friedrich Sellow, 1789~1831)가 1827년에 브라질 남부에서 식물원에 보낸 씨앗에서 자라났다. 그리고 알라타꽃담배는 1829년에 프랑스를 거쳐 영국에 상륙했다. 한편 1800년대 초반에 이 식물은 브라질에서 라틴아메리카를 거쳐 미국으로, 북쪽을 향해 이동했다.

반짝이는 꽃과 사람을 도취하게 하는 저녁 향기 덕분에, 알라타꽃담배는 매사추세츠주 웨스트 뉴베리의 인디언 힐 농장에 만들어진 하얀 달빛 정원에 자라기에 완벽한 식물이 되었다. 이 정원은 주인인 푸어(Poore) 부부가 영국으로 여행을 다녀온 이후인 1883년에 만들어졌는데, 아마도 두 사람이 방문했던 영국의 꽃 정원에서 영향을 받았을 것이다. 그리고 이들의 아들인 벤저민 펄리 푸어(Benjamin Perley Poore, 1820~1887)는 나중에 그 부지를 인수해 정원에 계속 식물을 가꿨다. 이 달빛 정원은 길이 약 210미터, 폭 3.6미터로, 흰색 꽃이 피는 식물들이 가득한 다년초 화단으로 이루어졌

다. 정원을 더욱더 하얗게 꾸미기 위해 푸어는 화단 위쪽으로 보이는 산비탈에 눈처럼 하얀 암소와 수소, 하얀 양 떼를 길렀고, 흰색을 칠한 여러 개의 비둘기장 주변으로 하얀 비둘기들이 빙빙 돌며 날았다. 농장에서 키우는 가금류조차 하얀색이었다. 그러니 이곳은 은색 달빛에 젖었을 때뿐만 아니라 태양 빛 아래서도 굉장히 매혹적이었을 것이다.

20세기 중반, 유명한 작가 비타 색빌웨스트는 켄트에 있는 자택 시싱허스트에 오늘날 무척 유명해진 '하얀 정원'을 조성했다. 그리고 비타는 이런 글을 남겼다. "나는 회색, 초록색, 흰색을 띤 정원을 만들려고 애쓰는 중이다. 이 실험이 성공하기를 간절히 바라지만, 과연 가능할지는 의심스럽다. (…) 내년 여름, 황혼에 유령 같은 원숭이올빼미가 이 창백한 정원을 조용히 날갯짓하며 지나가기를

바라 마지않는다."

오늘날 이 정원은 계속해서 하얗게 빛나고 있다. 알라타꽃담배의 관 모양 흰색 꽃이 잔뜩 피어 있는 건 물론이고 역시 흰색의 라바테라속, 재스민, 금어초, 코스모스, 그리고 무척 진한 향의 하얀 꽃을 피우는 장미나무인 로사 물리가니이(*Rosa mulliganii*)가 우뚝 솟아 있다. 이 '하얀 정원'은 비타가 떠올렸던 것처럼 회색, 은색, 초록색, 흰색으로 구성되었고 1949년에 완공되었다. 이 정원의 스타일은 전 세계에서 가장 많이 모방된다고 한다.

그뿐만 아니라 알라타꽃담배는 영국 빅토리아 시대 사람들이 선호했으며 실내용 식물로도 매우 좋다. 실내에 이 식물을 두면 매일 저녁 최고의 향기로 충분히 보상받을 것이다.

42

인생의 새로운 페이지
니겔라

Nigella damascena '*Miss Jekyll*'

화가이자 정원 디자이너, 길드 조합원, 작가, 목수, 은세공인. 이것은 거트루드 지킬(Gertrude Jekyll, 1843~1932)이라는 여성이 가지고 있던 무수한 직함 중 단지 일부일 뿐이다. 하지만 지킬이 많은 식물을 열성적으로 모았던 식물 채집가이자 뛰어난 육종가였다는 사실을 아는 사람은 많지 않다. 지킬은 35년 동안 자신의 정원에서 남는 식물을 팔며 식물 묘목장을 운영했다. 그리고 예술가다운 눈썰미로 고객의 정원에 있던 니겔라 다마스케나(*Nigella damascena*)를 다른 식물들 사이의 빈 곳을 채우는 '필러 식물'로 활용했다. 여러 식물 무리들 가운데 니겔라를 심으면 회향과 비슷한 깃털 같은 잎 위에 놓인 매우 독특한 꽃이 기분 좋은 아련함을 자아냈다. 이 꽃의 영어권 일반명이 '안개 속 사랑(love-in-a-mist)'인 것도 납득할 만하다. 17세기에는 파킨슨을 비롯한 사람들이 이 꽃을 '회향 꽃'이라고 불렀던 것도 잎이 비슷하기 때문이었을 것이다.

열성적인 여행가이기도 했던 지킬은 자신이 방문한 나라에서 영감을 받았으며, 다른 나라를 탐험하는 동안 자신의 디자인이나 글에서 반복되는 주제로 등장할 식물들을 얻었다. 지킬은 여행을 통해 식물과 접했을 뿐 아니라, '낡은 예전 유행'으로 여겨져 정원이나 묘목장에서 완전히 사라질 위기에 처한 식물들을 적극적으로 구출해서 널리 홍보했다. 잡초가 무성한 구석에서 시들어가고 있는 한때 유명했던 식물을 발견하면, 지킬은 그 식물을 되살

려 새로운 삶을 시작하게 했고, 친구들과 공유하거나 고객들에게 판매했다. 타고난 영리한 사업가였던 지킬은 이렇게 식물을 직접 팔았을 뿐만 아니라 자택의 북쪽 창문에서 따로 절화를 판매하는 사업체를 운영했다.

지킬은 1903년에서 1929년 사이에 자신이 판매한 모든 식물에 대해 정확한 기록을 남겼다. 여기에는 1570년 다마스쿠스에서 영국으로 다시 가져왔다고 알려진 니겔라 다마스케나 같은 종도 포함되었다.

하지만 오래가는 식물들이 대체로 그렇듯이 이후 여러 해에 걸쳐 니겔라의 인기는 점차 시들해졌다. 유행의 물결에 자주 휩쓸리곤 하는 정원에서 특히 그랬다. 1760년에《런던 가드너(London Gardener)》에 실린 기사에 따르면, 니겔라는 이제 너무 흔해진 나머지 '별난 외관을 신경 쓰는 사람도 아무도 없을 지경'이었으며 작은 정원에 굳이 심을 가치가 없다고 여겨졌다. 그런데도 니겔라는 확고한 애호층을 잃지 않은 채 시골집 정원에 흔히 심는 꽃으로 남았다. 지킬은 자신이 "그동안 작은 정원에서 많은 것을 배웠다"라고 인정했으며 다음과 같이 썼다. "소박하고 작은 시골집 정원에 들어서면 새로운 것을 배우거나 관찰해야 한다. (…) 예컨대 어떤 행운을 얻어 정원에서 아름답게 함께 자라나는 두 식물이 그렇다."

지킬은 식물에 대한 방대한 지식을 갖췄고, 동시

에 30년 넘게 스위스계 독일인 정원사인 알베르트 줌바흐(Albert Zumbach)의 도움을 받았는데 그는 '지킬의 생각과 다른 의견에는 영향받지 않았지만 지적으로는 지킬에게 순종하는 마음'으로 지킬과 함께 일했다. 알베르트는 확실히 자신의 위치를 알고 있었다. 1870년대부터 지킬은 자신이 선택한 식물들을 재배하고 선별해 개량했으며, 영국 서리의 먼스테드 우드에 자리한 자택과 텃밭 사이에 있는 '예비 정원'에서 식물을 대량으로 재배했다. 1800년대 후반에는 부드럽고 연한 푸른빛 꽃을 피우는 니겔라 다마스케나 '미스 지킬'(Nigella damascena 'Miss Jekyll')이라는 품종도 이곳 정원에서 자랐다. 지킬이 자신의 이름이 붙은 이 품종을 매우 좋아했던 것은 분명하다. 1916년에 《일년생과 이년생 식물(Annuals and Biennials)》의 권두삽화에 이 꽃을 등장시키며 '이 식물은 여러 해에 걸친 신중한 선택적 교배의 결과이며, 니겔라속 식물 가운데 최고라 말할 수 있다'라고 적었기 때문이다.

니겔라(Nigella)라는 속명은 '검은색'을 의미하는 'niger'에서 비롯했는데, 이 식물이 매우 작고 검은 씨앗을 수백 개나 맺기 때문이다. 이 씨앗은 종이처럼 얇고 건조한 재질의 풍선 같은 특이한 꼬투리 안에 들어 있는데, 이 꼬투리는 말려서 꽃꽂이에 활용한다. 이 씨앗은 다양한 민간요법과 요리에도 사용된다. 그중 1561년에 기록된 가장 흥미로운 요법 중 하나는 먼저 씨앗을 태운 뒤 그 재를 베이컨 지방과 섞어 빗에 바르고 머리카락을 빗으면 이와 서캐를 없앨 수 있다는 것이다. 또 사람들은 이 독특한 꽃에서 짝사랑과 그리움이라는 의미를 찾기도 했다. 한편 누군가에게 니겔라의 꽃다발을 주는 것은 '당신이 나를 혼란스럽게 한다'를 뜻했으며 의심과 불확실성, 더 나아가 당황스러움을 나타내기도 했다.

하지만 의미가 어떻든 간에 '미스 지킬'은 1895년에 영국 원예 협회의 공로상을 받았으며, 정원이 크든 작든 이 꽃은 한 자리를 차지할 자격이 있다.

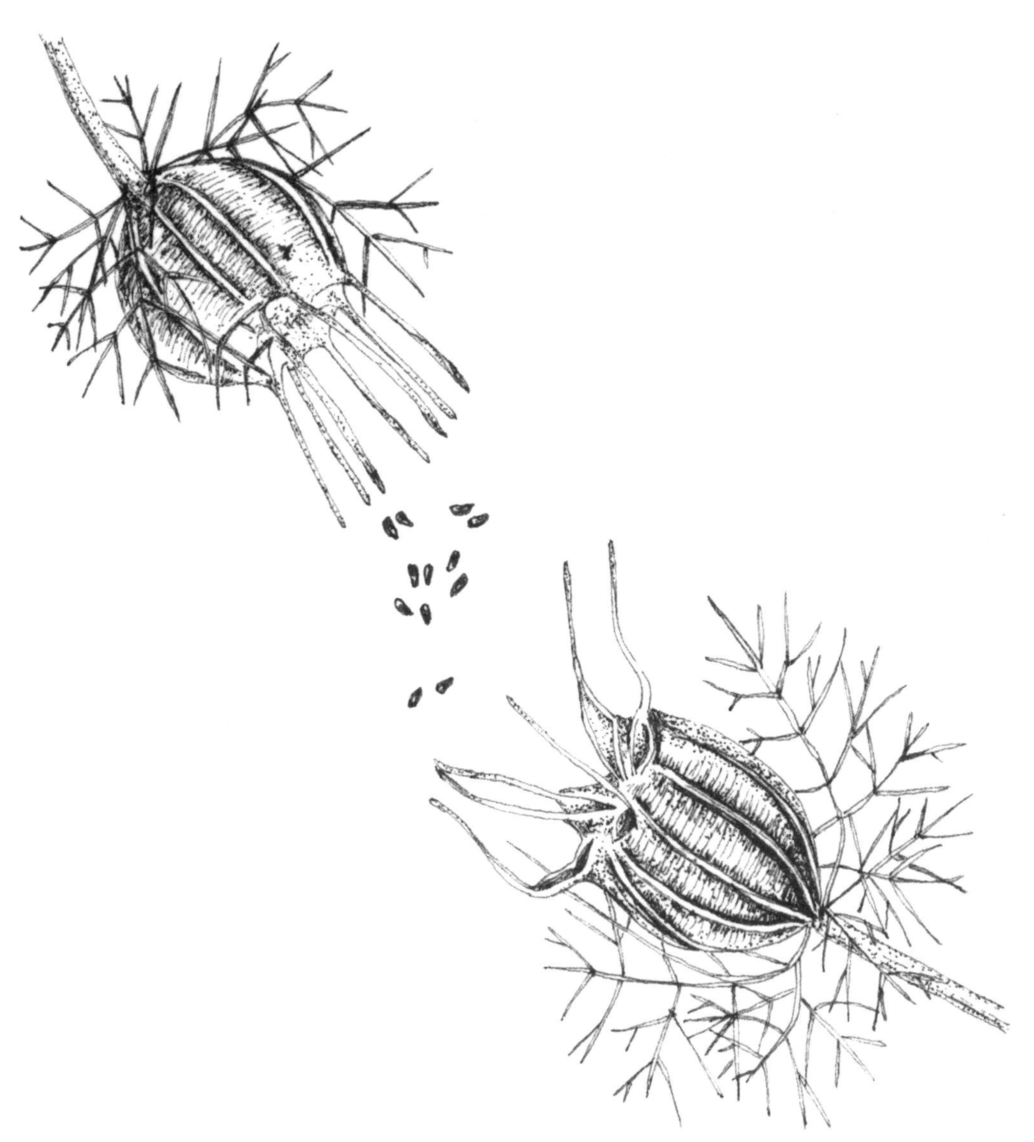

43

미스터리에 싸인 순백의 성배
모란

Paeonia suffruticosa 'Rock's Variety'

1913년 영국의 식물 채집가 레지널드 파러(Reginald Farrer, 1880~1920)는 중국 간쑤성에 막 도착해서 언덕에 자라는 우아한 하얀 모란을 보고 놀랐다. 파러는 '주름 장식이 넓게 펼쳐진 흰색의 성배 같은 이 식물을 볼 때마다 얼마나 가슴이 뛰는지'라며 경탄했다. 파이오니아 수프루티코사 '록스 버라이어티'(*Paeonia suffruticosa* 'Rock's Variety')는 단순히 멋진 꽃인 정도가 아니라 화려함의 화신이며 향기까지 좋다. 그런 만큼 많은 사람이 이 꽃을 찾는 건 당연하다.

이 식물의 표본을 처음 채집한 사람이 파러라는 주장이 있지만 확실하지는 않다. 다만 빈 태생의 다소 괴팍한 미국인 조지프 록(Joseph Rock, 1884~1962)이 파러가 죽은 지 7년이 지나 이 꽃을 미국에 소개했던 것은 확실하다. 다재다능한 탐험가였던 록은 1924년에서 1927년 사이에는 보스턴 아널드 수목원의 후원을 받아 중국 북서부에서 식물을 채집했다.

하지만 외딴 지역에서 식물을 채집하는 고된 생활을 견디지 못한 록은 여기저기를 자주 여행했다. 그의 짐에는 최대한 여행을 편안하게 즐기기 위한 소지품들이 가득했다. 여기에는 다마스크 식탁보부터 우아한 유리그릇, 접이식 캔버스 욕조, 맞춤 정장과 셔츠를 비롯해 문명화된 저녁 식사에 필수적인 모든 것이 포함되었다.

1925년 봄, 록은 파러가 갔던 곳과 동일한 지역으로 여행했고, 간쑤성 쥐니현의 한 불교 사찰에 들렀다가 안뜰에서 자라는 하얀 모란을 보았다. 파러의 묘사와 딱 들어맞는 식물이라고 생각한 록은 그 씨앗을 아널드 수목원에 보냈다. 그리고 이 씨앗은 1938년에 꽃을 피우자마자 즉각 찬사를 받으며 파이오니아 수프루티코사 '록스 버라이어티'라는 이름이 붙었고, 아메리카와 유럽 대륙 각지의 식물 연구소에 배포되었다. 하지만 이후 이 품종이 나아간 길이 결코 순탄치는 않았다.

최근 몇 년에 걸쳐 식물학자들은 이 아름다운 품종의 진정한 지위를 확립하기 위해 많은 시간과 노력을 기울였다. 이 꽃이 파러가 보았던 흰 꽃을 피운 야생 모란과 동일할 가능성은 분명히 존재한다. 하지만 과연 그럴까? 이 식물의 기원을 둘러싼 미스터리는 모란이라는 성배로 향하는 길에 매력을 더해준다.

Papaver orientale

왕실 정원의 식물학 교수인 조제프 피통 드 투르네포르(Joseph Pitton de Tournefort, 1656~1708)는 1700년 레반트 지역을 여행하는 동안 오늘날 오리엔탈양귀비, 혹은 숙근양귀비라고도 불리는 식물의 씨앗을 채집했다. 주홍색과 주황색을 띠는 이 식물의 무척이나 큰 꽃을 본 투르네포르는 이렇게 기록했다. "우리는 터키인이나 아르메니아인들이 아편을 추출하지 않는 아주 멋진 양귀비 종을 하나 관찰했다." 이 씨앗은 파리로 보내졌고 그곳에서 다시 네덜란드로 보내졌다.

1714년까지 이 양귀비는 영국에서 재배되었으며 조지 왕조, 섭정 시대, 빅토리아 시대에 걸쳐 200년가량 자연 그대로의 상태로 유지되었고, 크고 작은 정원에서 인기를 얻으며 매년 조용히 다시 꽃을 피웠다.

그러다 1903년 에드워드 시대의 유명한 식물 육종가이자 육묘상이었던 에이머스 페리(Amos Perry, 1871~1953)는 선명한 붉은빛을 띤 주황색 꽃들 사이에서 주황색이 도는 분홍색 모종을 하나 발견했다. 페리는 이 모종을 재배하고 더 개체수를 불려 3년 뒤 아내 낸시를 위해 파파베르 오리엔탈레 '미세스 페리'(*Papaver orientale* 'Mrs Perry')라고 이름을 붙여 시장에 내놓았다. 개량을 통해 다른 색의 꽃을 만들 수 있다는 가능성을 본 페리는 흰색 모종을 키우는 데 노력을 쏟았다. 그래서 가장 색이 연한

모종을 거듭해서 교배했지만 별 성과는 없었다.

그러던 중 갑자기 페리의 한 고객이 완벽하게 디자인된 꽃의 분홍색과 빨간색 테두리가 망가졌다며 심하게 불평하는 편지를 보냈다. 원래 색깔 말고 "큼직하고 못난 하얀 녀석이 나타났다"라는 것이었다. 처음 편지를 받고 믿을 수 없었던 페리는 그 고객이 다시 한번 어떻게 해야 할지를 묻는 편지를 보내고서야 비로소 반응을 보였다. 호기심에 사로잡힌 페리는 고객의 정원을 찾아가 고객이 키우고 싶지 않아 '침입자'라고 불렀던 개체를 마주하게 되었다. 그리고 그 불만 많은 고객의 말이 사실이라는 것을 안 페리는 기뻐서 펄쩍 뛰고 싶었겠지만 가까스로 참았던 게 분명하다.

페리는 침착하게 그 침입자 표본을 자신이 가져가고 대신 몬트브레티아속 식물의 알줄기를 한 줌 주겠다고 제안했다. 1912년에 출시된 파파베르 오리엔탈레 '페리스 화이트'(*Papaver orientale* 'Perry's White')의 가격을 생각하면 정말 수지맞는 장사였다. 오늘날 큼직한 순백색의 꽃 가운데에 색이 크게 대비되는 보라색 반점과 수술이 있는 이 꽃은, 이제 해마다 수많은 정원이 두 팔 벌려 환영하는 식물이다. 화단의 색깔을 어떻게 꾸미기로 미리 정해 놓았든 그렇지 않든 간에 이 꽃은 관심을 끌고 눈길을 사로잡는다.

45

금의환향한 토착 식물
드람불꽃

Phlox drummondii

1835년, 스코틀랜드의 식물학자 토머스 드러먼드(Thomas Drummond, 1793~1835)는 북아메리카의 남부를 탐험하던 중 마지막으로 작은 짐을 본가에 부쳤다. 이후로 드러먼드는 고향 땅을 다시 밟지 못해 이 마지막 소포가 그의 유품이 되었는데, 그 속에는 한 텍사스 야생화의 씨앗이 들어 있었다. 1837년쯤이 되었을 때 플록스 드룸몬디이(*Phlox drummondii*)라는 이름이 붙었으며 오늘날 드람불꽃 혹은 플록스라고 불리는 이 꽃은 누구보다 취향이 확고한 원예가들마저 황홀하게 매혹시키는 식물이 되었다.

다시 1831년으로 돌아가면, 나중에 큐 왕립 식물원의 초대 원장이 될 윌리엄 잭슨 후커(William Jackson Hooker)의 후원을 받아 드러먼드는 북아메리카로 두 번째 여행을 떠났다. 1833년에 드러먼드는 당시 아직 멕시코의 일부였던 테사스를 돌아보았고, 이 지역을 탐험한 최초의 식물 채집가가 되었다. 그리고 1835년 2월, 드러먼드는 건강이 극심하게 악화되었지만 자신의 다른 발견물들과 함께 발견한 야생화의 종자를 본국에 보낸 뒤 쿠바로 향했다.

1835년 6월, 후커가 드러먼드의 소포를 받았지만 대단한 표본이 들어 있으리라는 기대와는 달리 몇 안 되는 개인 소지품이 들어 있는 상자 세 개뿐이었다. 이어서 그는 아바나 주재 미국 영사를 통해 1835년 3월자로 된 드러먼드의 사망 진단서를 동봉한 편지 한 통도 받았다. 당시의 상황에 대한 자세한 내용은 여전히 수수께끼로 남아 있다.

후커는 씨앗에서 자라난 식물을 보고 '불행한 발견자 드러먼드의 기념품'이라는 뜻을 담아 플록스 드룸몬디이라는 이름을 붙였다. 이 식물은 원예 업계를 떠들썩하게 했고, 씨앗이 영국에 도착한 지 4년 뒤에는 '영국 정원의 자랑이자 멋진 장식용 식물'이라고 일컬어졌다.

1836년 봄에는 거꾸로 미국 뉴욕의 부엔 앤 월슨 육묘장이 런던에서 이 식물의 씨앗을 구해 여러 묘목장 주인들에게 나누어 주었다. 매사추세츠 원예 협회에서 이 꽃이 발표되며 모든 사람의 감탄을 지이냈다. 온갖 씨잇이 런던에서 들어오게 된 이후 1870년대에 이르자, 미국인들은 이 유럽에서 온 새로운 수입품이 고국으로 돌아온 토착종 야생화의 후손이라는 사실을 모른 채 자기 정원에 심고 싶어 열심히 찾아 나섰다. 고향에 돌아온 종이 화단을 꾸미는 이국적인 꽃으로 받아들여지는 상황이 된 셈이다.

46

바다의 신을 닮은 웅장함
프로테아 키나로이데스

Protea cynaroides

1881년, 조지프 후커 경은 용왕꽃이라고도 불리는 이 식물을 보고 '크기, 형태, 색깔에 상관없이 다른 어떤 꽃보다도 멋지게 잘생겼고 어떤 원예 박람회를 가도 1등상을 차지할 것'이라고 생각했다. 내가 보기에는 이 식물이 멋지기는 해도 어딘지 모르게 다소 사악하고 이승이 아닌 딴 세상에 있는 듯하지만 말이다. 어쨌든 이 꽃 프로테아 키나로이데스(*Protea cynaroides*)는 남아프리카공화국의 국화로 은빛 수술 덩어리가 왕관처럼 뻣뻣한 분홍색 꽃잎에 둘러싸여 있으며, 다른 비슷한 종류 중에서도 가장 크고 눈에 띄는 꽃을 피운다.

린네는 1735년에 그리스 신화 속 바다의 신 프로테우스의 이름을 따서 이 식물의 이름을 지었다. 프로테우스는 자신에게 억지로 미래를 예측하도록 하는 이들을 피하고자 다양한 모습으로 변신할 수 있었다. 신화에 따르면 프로테우스는 '무언가를' 알고 있었지만 웬만해서는 그것을 누설하지 않으려 했다. 단단히 붙잡혀서 평소의 모습으로 돌아와 진실을 말할 수밖에 없는 처지가 아니라면 말이다. 지구상에 수백만 년 동안 존재했다고 하는 프로테아 키나로이데스는 실로 많은 일들을 목격했을 것이다. 이 꽃의 꽃말이 변신, 변화, 용기라는 것도 놀라운 일이 아니다.

린네는 식물의 이름을 지을 때 종종 식물의 특성을 고려했으며, 특히 속명은 시, 신화, 군주나 왕의 이름, 식물학을 비롯해 과학계에서 업적을 이룬 이들의 이름에서 따왔다. 린네가 항상 그랬던 건 아니었지만 프로테아 키나로이데스의 경우에는 이름이 식물의 특성과 잘 맞았다. 프로테아속은 작은 식물과 관목부터 키가 큰 나무에 이르기까지 모양과 크기가 제각각인 1,500종 넘는 식물들로 이뤄진다. 매우 다양하게 아주 오래전부터 지구상에 살아온 이 식물은 대부분의 종이 남아프리카의 핀보스에서 발견되는데, 이곳은 식물이 적대적인 환경에 적응하고 회복력을 갖춰야만 하는 지역이다.

영국에 들어온 가장 큰 프로테아 키나로이데스 표본은 서인도 부두를 세웠던 굉장히 부유한 서인도 지역의 상인 올더먼 조지 히버트(Alderman George Hibbert, 1757~1837)의 것이었다. 1805년까지 총 35종에 이르는 히버트의 수집품은 심지어 큐 왕립 식물원의 것보다도 훨씬 더 우수하다고 여겨지기도 했다. 히버트가 소장했던 프로테아 키나로이데스 표본 대부분은 그가 후원했던 식물 탐험대에 속한 스코틀랜드의 식물 채집가 제임스 니븐(James Niven, 1774~1827)이 수집했다. 단 히버트의 표본은 일반 대중에게 판매용으로는 한 번도 공개되지 않았으며, 심지어 식물을 게걸스럽게 수집하던 귀족들에게도 공개되지 않았다. 그는 가까운 지인인 프랑스 말메종의 황후 조제핀과 조지 3세에게만 표본을 선물하거나 다른 것과 교환했다.

사람들의 부러움을 사던 이 수집품의 담당자는

히버트의 수석 정원사 조지프 나이트(Joseph Knight, 1778~1885)였다. 그는 프로테아 키나로이데스를 처음으로 번식시켜 꽃을 피우는 데 성공했고, 이 공로로 식물학계로부터 큰 찬사를 받았다. 이후 조지 히버트는 1800년대 초에 런던 첼시의 킹스 로드에 이국적인 식물을 파는 육묘장을 설립한 나이트에게 프로테아 키나로이데스를 포함한 살아 있는 식물 표본들을 주었다. 그렇게 나이트는 프로테아 키나로이데스를 상업적으로 재배해 판매한 최초의 인물이 되었다. 하지만 잘나가던 나이트에게 큰 어려움이 닥쳤다. 그 일로 그의 평판은 거의 무너지게 되었다.

1809년에 나이트는 원예 에세이인 《프로테아과 식물들의 재배에 관하여》를 출간했다. 그런데 이 책에서 나이트 자신의 글은 고작 14페이지에 지나지 않았고, 식물학자 리처드 솔즈베리(Richard Salisbury)가 나머지 100페이지를 가량을 집필했다. 하지만 나이트로서는 불행하게도 솔즈베리가 집필한 부분이 식물학자이자 박물학자인 로버트 브라운(Robert Brown)의 글을 완전히 표절한 것으로 밝혀졌으며, 이 일은 한 다리 건너면 다 아는 좁은 식물학계에서 적당히 가라앉지 않았다. 솔즈베리는 환영받지 못하는 기피 인물이 되었고, 나이트 역시 그 나쁜 평판을 함께 뒤집어쓴 듯했다. 왜 솔즈베리가 딱히 얻을 것도 없으면서 전문가로서의 자기 명성을 그토록 위태롭게 했는지는 모를 일이었다.

표절을 당한 로버트 브라운은 솔즈베리에 대해 '그가 불량배와 바보 사이에 있다는 것' 말고는 딱히 할 말이 없다고 일축했다. 이런 상황에서도 나이트는 자숙하면서 식물 채집 탐험대를 계속 후원하고 육묘장을 운영했다. 이 육묘장은 일을 막 시작한 정원사들의 훈련소가 되기도 했다.

이후 프로테아 키나로이데스의 표본 가운데 상당수가 죽으면서, 떠들썩한 선전도 줄기 시작했다. 그러면서 이 식물은 개인 정원에서 사실상 사라졌고, 정원사들이 프로테아 키나로이데스의 문화적인 쓸모에 대해 보다 잘 이해하게 된 이후에야 다시 재배되었다. 이 꽃은 꽃꽂이를 할 때 꽃병 안에서 수명이 길며 말린 꽃을 만들 때도 꽤 좋은 재료가 된다. 하지만 여전히 프로테아 키나로이데스는 아직 히버트와 나이트의 시대에 누렸던 높은 인기를 다시 누리지는 못하고 있다.

칼 폰 린네

Carl von Linné, 1707~1778

린네는 스웨덴의 박물학자이자 분류학자로, '식물학자들의 왕자(Princeps botanicorum)'라는 별명을 갖고 있다. 린네의 첫 번째 저서는 1735년에 출간된 《자연의 체계(Systema naturae)》였다. 그는 '린네의 사도들'로 알려진 옛 학생을 포함한 전 세계 여행자들로부터 수많은 식물 표본을 얻었다. 린네는 식물에 이명법, 즉 속과 종이라는 두 부분으로 이뤄진 라틴어 이름의 분류 체계를 만든 인물로 가장 잘 알려져 있다. 이명법 체계는 1753년 《식물의 종》이 출판된 이후 1768년에 처음 광범위하게 채택되었다. 이명법은 오늘날 현대적인 식물 명명법의 출발점으로 여겨진다. 1757년에 기사 작위를 받은 린네는 '폰'이라는 귀족의 호칭을 얻었다. '신은 창조하고, 린네가 정리한다'가 그의 모토였다. 린네가 세상을 떠난 후 그의 부인에게서 수집품과 자료를 구입한 제임스 에드워드 스미스(James Edward Smith) 경은 1788년 런던에 린네 협회를 설립했다.

당대의 인기인들이 택하는 꽃
목서초

Reseda odorata

"오늘 밤은 안 돼, 조제핀." 어느 날 저녁 나폴레옹 보나파르트가 아내의 애정 공세를 피하려 했을 때 이렇게 말했다고 한다. 조제핀(Joséphine Bonarparte, 1763~1814) 황후는 호화로운 오락과 다소 외설스러운 행동으로 유명한, 변덕스러운 사교계 명사로 묘사되어왔다. 그렇다 보니 프랑스령 서인도제도에서 태어난 조제핀이 사실 매우 뛰어난 식물 애호가이자 정원사, 예리한 식물학자였으며 말메종에 자리한 자신의 정원을 통해 여러 새로운 식물을 프랑스를 비롯한 유럽 나머지 지역에 소개하는 데 핵심적인 역할을 했다는 사실을 안다면 많은 이들이 놀랄 것이다. 조제핀은 오늘날로 치면 일종의 '인플루언서'였다.

나폴레옹 보나르트가 악명 높은 1798년의 이집트 원정 동안에 얻은 성과는 많지 않았다(그렇다, 앙투안 코그베르 드 몽브레가 때 이른 죽음을 맞이했던 바로 그 원정이다, 57페이지 참조). 하지만 한 가지 성과가 있었다면, 이집트에서 자생하는 매우 향기로운 식물 목서초(*Reseda odorata*)가 부활했다는 것이었다.

목서초속(*Reseda*)의 씨앗을 채집한 사람은 보나파르트의 부하들이 카이로에 머무는 동안 식물원 설립을 담당했던 젊은 식물학자 알리르 라프노 들릴(Alire Raffeneau Delile, 1778~1850)이었다. 들릴의 관찰에 따르면, 이집트 사람들은 달콤한 냄새가 나는 이 식물을 '사랑의 풀'이라 불렀으며 고대 이집트인들은 이 식물을 장례식 때 무덤에 올려놓는 등 의식에

사용했다. 로마의 정치가이자 학자인 대 플리니우스(Pliny the Elder, 기원후 23~79)에 따르면 목서초는 '많은 병증을 깨끗이 씻어내는 힘'을 가졌다고 한다.

이후 1739년에 런던 첼시 피직 가든의 수석 정원사이자 큐레이터였던 필립 밀러가 네덜란드 라이덴 대학의 식물학 교수인 아드리안 판 로이언(Adrian van Royen, 1704~1779)에게 목서초 씨앗을 받으면서 이 식물은 영국에 처음 들어왔다. 밀러가 1752년에 묘사한 바에 따르면 이 꽃은 "색은 칙칙해도 향기로운 냄새가 진하다." 그래서인지 1787년에 《식물학 잡지》는 다음과 같이 달콤한 냄새가 나는 이 식물을 가장 잘 즐길 수 있는 방법을 제안했다. "목서초는 화분에서 쉽게 재배되는 만큼, 은둔자나 병약자들의 방까지도 향을 전할 수 있다." 여러분과 나 같은 건강 염려증 환자들에게도 마찬가지디.

나폴레옹은 조제핀에게 목서초의 씨앗을 보냈고, 조제핀은 말메종의 정원에서 이 식물을 재배해 나중에 파리의 사교계 모임에 소개했다. 이 꽃은 프랑스 귀족들의 상상력을 사로잡았고 곧 '작은 연인'이라는 뜻의 '미뇨네트(mignonette)'라는 별명을 얻었다. 이제 파리에서는 어느 집에서나 정원과 응접실마다 이 꽃이 빠지지 않게 되었다. 목서초의 향은 아침과 이른 저녁에 가장 진했던 터라 파리라는 도시의 악취를 최전선에서 방어하는 수단이 되었다.

영국의 상류사회 또한 이 유행에서 크게 뒤처지지 않았다. 도시의 발코니와 창가의 화단에는 이 꽃이 가득했고 집집마다 좋은 일이 있으면 방을 목서초 화분으로 장식했다. 조지 왕조 시대에 이 꽃이 잉글랜드의 주택가를 휩쓸면서 실내 식물에 대한 수요 자체도 높아졌다.

조시아 웨지우드(Josiah Wedgewood) 같은 제조업자들은 이 상황을 십분 활용해 목서초를 가꿀 화분으로 사용할 특수한 장식 용기를 생산하기 시작했다. 조지 왕조 시대 런던의 사교 모임에서는 주기적으로 식물 화분을 빌려 쓰곤 했는데, 1811년경부터 가장 인기 있는 식물은 목서초였다.

이 시기에 영국과 프랑스가 나폴레옹 전쟁을 치르고 있었음에도, 조제핀 황후는 자신이 사랑하는 정원의 식물에 관한 한 놀랄 만큼 큰 영향력을 행사했다. 조제핀은 여러 해에 걸쳐 큐 왕립 식물원을 포함한 전 세계의 육묘상, 식물학자, 식물 채집가, 정원사로 이루어진 대규모 국제 네트워크와 정기적으로 교류했다. 영국 해군 장교들이 조제핀에게 가는 식물이나 씨앗 꾸러미를 운반하는 선박을 나포했다면 지체 없이 풀어주라는 지시를 받을 정도였다.

조제핀이 가꾸는 여러 종류의 꽃들은 원예업계의 유행을 선도했다. 좋은 예가 그녀의 250종에 달하는 장미 컬렉션이었는데 이것은 프랑스 잡종 교배업자들이 아름답고 새로운 장미를 교배하도록 영감을 주었다. 목서초의 경우에도 조제핀은 이 식물을 화분에 심어 가꾸는 유행을 파리에서 처음 퍼뜨렸고, 이 유행은 유럽 전역으로 퍼져나가 세련된 응접실이라면 이 화분을 갖추곤 했다. 하지만 목서초는 무척 좋은 향기를 가진 식물치고 겉모습은 다소 실망스러운 편이다. 이처럼 소박하고 다소 칙칙한 꽃의 겉모습과 훨씬 뛰어난 향기가 대조되었던 만큼, 당시 이 꽃을 한 다발 받는다는 것은 "당신의 매력이 당신의 아름다움을 능가한다"라는 뜻이었다. 그렇게 썩 듣기 좋은 이야기는 아닐 수도 있다!

목서초는 조제핀 황후가 식물학적 탐험과 교류를 국제적으로 확장시키는 데 도움을 주었던 하나의 수단이었다. 다소 이기적이었던 남편과 달리, 조제핀은 국제적인 차원에서 식물학 지식을 넓히는 데 중추적인 역할을 하기 위해 정치적, 종교적, 사회적인 온갖 경계를 넘나들었다.

48

눈에서 멀어지면 마음에서도 멀어진다
유럽만병초

Rhododendron ponticum

이 식물은 어떤 사람들의 심기를 불편하게 만들기도 한다. 꽃이 활짝 핀 유럽만병초는 정말이지 아름답다. 마치 이 꽃 같은 부드러운 연보라색 드레스를 갖고 있었는데 그 드레스를 입으면 백만장자라도 된 기분이었다. 하지만 이 식물은 어딘가에 침입하려는 성질이 극도로 강하다. 사유지 관리자들과 수석 정원사들은 뻔뻔하기 그지없는 유럽만병초의 우거진 잎 아래 짓눌린 정원 식물 사이에서 이 침입자를 박멸하거나 통제하려고 애쓰고 있다.

유럽만병초가 처음으로 영국에 소개되었던 1763년, 지브롤터와 레반트 지역의 토착종인 이 식물은 모든 상황에서 과잉보호를 받는 연약하고 이국적인 식물로 취급되었다. 스웨덴의 식물학자 클라스 알스트뢰메르(Clas Alströmer, 1736~1794)가 1750년경 카디즈와 지브롤터 사이에 자리한 카르멜회 수녀원 근처에서 이 식물에 대한 정식 기록을 처음으로 남겼다. 그리고 이 식물들은 나중에 이곳에서 영국으로 들어왔다.

주머니 사정이 아주 넉넉한 사람들에게 유럽만병초는 굉장한 즐거움을 안겨주는 식물이었다. 믿거나 말거나, 한때는 가격을 명시하지 않고 이 식물을 홍보하는 육묘장도 있었다. 옛말에, 무언가의 가격을 물어봐야 한다면 그것을 살 여유가 없는 것이라지 않았던가.

이 식물의 밝은색 꽃송이와 진한 녹색의 광택 나는 잎은 조지 왕조 후기 정원의 큰 특징이었던 관목림 사이에서 빠르게 인기를 얻었다. 1800년대에 이르면 봄마다 많은 식물이 런던의 화훼 시장에 들어왔으며, 시장에서 각 가정으로 계절 장식용 식물들이 들어가게 되었다.

그리고 이 가운데는 이른 봄에 꽃을 피우는 유럽만병초도 포함되었다. 유럽만병초는 파란색과 흰색의 델프트 도자기 화분이나 장식용 캐시포트 화분에 심겨 실내 식물로 판매되었다. '캐시포트'라는 단어는 프랑스어로 '숨기다'라는 뜻인 'cacher'에서 왔는데, 안에 진흙으로 만든 평범한 화분을 넣어 숨길 수 있는 실내 장식용 화분이기 때문이었다.

그렇다면 이 아름다운 식물은 어쩌다 기피 대상이 되었을까? 유럽만병초는 응접실에서 그렇게 귀한 대접을 받지 못했어도 이후 영국 전역에 많이 팔려나갔고 웬만한 큰 사유지에서는 다 이 식물을 심었다. 빅토리아 시대의 부유한 토지 소유주들은 곧 이 식물이 자유롭게 종자를 퍼뜨린다는 사실을 발견했지만 처음에는 마음껏 그렇게 하도록 내버려두었다. 예컨대 1841년 버킹엄셔 드롭모어 공원의 수석 정원사인 필립 프로스트(Philip Frost, 1804~1887)는 자신이 근무하는 사유지에 직접 심은 수천 그루의 유럽만병초 묘목에 대해《가드너스 크로니클》에 이런 글을 남겼다. "이 식물은 숲에 매우 쉽게 퍼진다. (…) 성인 남성과 남자아이 각각 한 명이면 몇 시간 안에 꽤 넓은 면적에 뿌릴 수 있을 만큼 이 식물의 씨를 충분히 모을 수 있다." 어쩌면 이 식물이 지나치게 퍼지기 전에 경종을 울렸어야 했을지도 모른다.

이후 영국에서는 시골 별장에서 열리는 주말 파티가 유행하면서 이 식물은 사냥감, 특히 꿩이 숨을 수 있는 이상적인 은신처가 되었다. 당시 주말에 사냥하는 취미가 인기를 얻었고 그에 따라 유럽만병초는 들판마다 널리 심어졌다. 또 새로 도입되어 아직 그렇게 공격적으로 침투하지 않았던, 전 세계 곳곳에서 온 다양한 색상을 자랑하는 여러 진달래속(*Rhododendron*) 식물이 수천 개의 유럽만병초 뿌리줄기와 접목되었다. 그리고 윌리엄 로빈슨이 옹호하는 보다 자연주의적인 숲 식물 식재 방식이 크게 유행하면서 아름답고 매우 화려한 진달래속 식물들이 여러 사유지와 공원, 개인 정원에 들어섰다. 얼마 되지 않아 인간의 손에 힘입은 대자연은 뜻밖에도 영국 기후에 적합한 더욱 튼튼하고 억센 식물 종을 교배하는 데 협조했다. 램프의 요정 지니가 램프에서 나온 셈이다.

진달래속 군락은 집이나 큰 정원에서 어느 정도 떨어진 곳에 심어지곤 했기 때문에, 엄밀히 따지면 정원사의 눈에서 멀어졌고 속담대로라면 마음에서도 멀어졌을 것이다. 하지만 유럽만병초는 결국 접목묘로 쓰인 약한 외래종들을 압도했다. 그에 따라 화려한 색의 희귀한 개체들은 점차 유럽만병초만의 매력적인 본래의 연보라색으로 돌아갔으며 스스로 씨앗을 퍼뜨려 자기도 모르게 정원에 파괴적인 돌풍을 일으켰다. 그렇게 이 종은 나중에 다양한 식물을 보존하려는 목표를 방해하는 악몽이 될지도 모른다.

1981년에 제정된 영국의 '야생 동물과 시골에 관한 법률'에는 유럽만병초에 대한 규정이 있는데, 여기에 따르면 이 식물을 야생에 심거나 누군가의 소유지에서 다른 지역으로 넘어가게 하는 것은 불법이다. 하지만 그렇다 해도 이 유쾌한 위협이 매년 짧은 기간 동안 한꺼번에 꽃을 피우는 모습은 무엇보다도 고무적이다.

49

황금 심장을 가진 꽃
마틸리하양귀비

Romneya coulteri

린네의 이명법이 도입되면서 식물 채집가들, 식물학자들, 정원사들은 라틴어라는 하나의 동일한 언어를 통해 식물에 대해 이야기하게 되었다. 하지만 훨씬 오래전부터 한 토착 식물과 공존했던 사람들 역시 그들의 삶을 형성했던 식물에 이름을 붙였을 테고, 또 그와 관련한 신화들도 존재하지 않을까? 예컨대 캘리포니아 해안을 따라 생활하던 추마시족 사람들은 피부병을 고치거나 소화 기관의 문제를 완화하는 의학적인 용도로 롬네이아 코울테리(*Romneya coulteri*)라는 식물을 가치 있게 여겼다.

이 식물의 영어권 일반명인 '마틸리하양귀비' 또한 추마시 족장 마틸리하의 이름에서 온, 이 부족 신화의 일부이다. 전설에 따르면 족장의 딸 아마틸은 잘생긴 전사와 사랑에 빠졌지만 전사는 전투에서 비극적으로 목숨을 잃고 말았다. 그러자 슬픔을 이기지 못한 아마틸은 연인의 시신에 위에 몸을 뉘었고 그 자리에서 따라 죽었다. 바로 그 자리에서 두 사람의 사랑을 상징하는 순백의 비단 같은 꽃잎과 아마틸의 황금빛 마음을 나타내는 선명한 노란색 중앙부를 가진 이 아름다운 꽃이 자라났다.

이후 수 세기가 지난 1832년, 도마뱀과 뱀을 열

정적으로 연구하던 아일랜드의 식물학자이자 의사인 토머스 콜터(Thomas Coulter, 1793~1843)는 연구 대상을 주머니에 넣은 채 캘리포니아를 탐험하던 중이었다. 이때 콜터가 기록으로 남긴 표본 가운데 마틸리하양귀비의 씨앗도 있었다.

콜터는 1834년 방대한 식물 표본집과 함께 아일랜드로 돌아와 그것을 정리하고 분류하기 시작했지만, 이 기념비적인 작업을 채 완성하기 전에 세상을 떠났다. 콜터가 캘리포니아에서 가져온 식물 중 상당수를 실제로 영국에서 재배하기 시작한 사람은 더블린 트리니티 칼리지의 윌리엄 하비(William Harvey) 교수였다. 그리고 하비가 콜터의 가까운 친구인 토머스 롬니 로빈슨(Thomas Romney Robinson) 목사의 이름을 따서 이 식물에 롬네이아 코울테리라는 학명을 붙이면서, 이 식물에 담겼던 추마시족 문화는 사라졌고 식물은 새로운 정체성을 얻었다.

이 식물이 대중에 공개된 1876년의 기록에 따르면 "관객 한 사람이 한 시간 내내 그 꽃을 응시했다"라는 보고가 있는데, 왜 그랬는지는 쉽게 알 수 있다. 꽃이 마치 '큰 나비가 번데기에서 나와 날개를 말리는 모습'과 놀랄 만큼 닮았기 때문이다.

50

고향을 떠나온 정원사를 기억하며
존 이스텀린 장미

Rosa 'John Ystumllyn'

매년 다양한 꽃 박람회에서는 엄청난 팡파르와 함께 전 세계의 명망 있는 장미 품종 육종가들이 가꾼 새로운 장미가 출시된다. 대중에게 잘 알려진 사람들, 또는 육종가들 가족의 이름을 따는 경향이 있는 이 장미는 시간과 돈, 대단한 전문 지식, 그리고 애정 어린 노동이 담긴 여러 해에 걸친 투자와 노력의 결과물이다. 식물을 연구하는 역사학자 앨리스 코츠(Alice Coates, 1905~1978)는 자신은 장미를 고를 때 재배자의 아내 이름을 딴 품종을 고른다고 한다. 만약 아내가 심술궂은 성격이라면 품질이 나쁜 품종에 자기 이름이 붙는 것을 거부할 테고, 반대로 애정이 넘치는 성격이라면 훌륭한 품종에 자기 이름이 붙는 영예를 받았을 것이다. 물론 이것은 남성 재배자들뿐 아니라 배우자의 이름을 따서 장미의 이름을 짓는 여성들에게도 적용된다.

비교적 최근에 출시된, 역사에 남을 만한 노란 장미 한 품종이 있다. 바로 로사 '존 이스텀린'(Rosa 'John Ystumllyn')으로, 노스웨일스에 살았던 영국 최초의 흑인 원예가로 기록된 존 이스텀린(John Ystumllyn)의 이름을 딴 품종이다. 이 장미의 품종이 개발되기 시작한 것은 사우스웨일스에서 자란 제라 자이디(Zehra Zaidi)의 영감에서부터였다. 변호사이자 인도주의 활동가로 '우리도 영국을 세웠다' 운동을 시작한 자이디는 오랜 시간에 걸쳐 지역 사회와 일상생활에서 과소 대표되는 집단과 소수민족의 업적에 대한 인식을 높이는 캠페인을 벌여왔다.

이스텀린 자신의 진술에 따르면, 1746년 약 8세의 나이로 숲 지대 개울에서 놀던 조그만 소년이었던 그는 대서양 횡단 노예 무역의 초석이 되었던 서아프리카의 어떤 장소에서 노예 무역상에게 납치되었다. 정확히 어떤 경로를 따라 영국에 오게 되었는지는 불분명하지만 결국 소년 이스텀린은 노스웨일스 크리치에스 근처 플라스 이스텀린에 살던 윈 가족의 소유물이 되었다고 한다. 존 이스텀린이라는 이름도 이 지명에서 왔다. 그랬던 만큼 소년의 진짜 이름이 무엇이었는지는 결코 알 수 없다.

이곳에서 이스텀린은 영어와 웨일스어로 말하고 쓰는 법을 배우는 한편, 원예 일을 익혔다. 특히 그는 사유지의 정원사로 꽃을 가꾸는 일에 탁월한 재능을 보였다. 그뿐만 아니라 이스텀린은 솜씨 좋은 목수였다고도 한다. 당시 잘 흔치 않은 일이었지만 16살 무렵인 1754년 5월, 이스텀린은 신원이 밝혀지지 않은 한 화가에게 자신의 초상화를 의뢰했는데 이 그림에는 목도리와 조끼, 재킷 차림의 그가 묘사되어 있다. 이스텀린은 현지에서 '잭 두' 또는 '잭 블랙'으로 불렸고, 1768년 돌겔로에서 윈 가문 사유지의 가정부였던 마거릿 그루피드(Margaret Gruffydd)와 결혼했다. 이후 존은 잠시 크리치에스와 멀지 않은 곳에서 토지 관리인이 되어 일하다가 아내 마거릿과 함께 윈 가문의 일을 돕기 위해 돌아왔다. 가문에 대해 열과 성을 다했다고 인정받은 부부는 넓은 정원이 딸린 오두막집을 제공받았다. 이 부부는 일곱 명의 자녀를 두었는데 그중 다섯 명은 어린 시절에 사망하지 않고 살아남아 그 후손 중 몇몇이 오늘날까지도 이 지역에 살고 있다. 이스텀린은 1786년에 사망했고 사암으로 만든 그의 기념비가 웨일스 귀네드주의 이니스 신하언에 자리한 세인트 신하언스 교회에 있고 현재 2등급 문화재로 등록되었다.

자이디는 이스텀린의 인지도를 높이고자 하트퍼드셔에서 활동하는 장미 육종 회사 하크니스 로지스에 이스텀린을 기리는 장미를 개발해달라고 부탁했다. 그리고 하크니스는 결코 자이디를 실망시키지 않았다. 그렇게 만들어진 티로즈(교배를 통해 만든 특정 장미류를 가리키는 원예업계의 용어-옮긴이)인 '존 이스텀린'은 버터색을 닮은 아름다운 노란빛을 띠었다. 예전부터 노란 장미는 우정과 동지애의 상징인 만큼 이스텀린이라는 사람을 기념하기에도 적당했다.

이 장미는 2021년에 공식적인 이름을 얻었고, 2022년 영국 원예 협회의 첼시 꽃 박람회에서 첫선을 보였다. 이 꽃은 나중에 여왕 엘리자베스 2세의 즉위 70주년 기념식까지 몇 주 동안 버킹엄 궁전의 정원을 장식했다. 이때 여왕은 이렇게 말했다. "이 장미는 우정과 공동체의 상징으로 개량되었으며, 이곳 정원에 온 방문객들이 앞으로 몇 년 동안 이 장미가 무엇을 상징하는지에 대해 생각할 기회를 얻길 바랍니다." 그뿐만 아니라 이스텀린이 살았던 곳 근처인 크리치에스 도서관 주변에도 이 장미 20그루가 심어졌다.

런던 버스에 대한 속설에서 그렇듯, 무언가 하나가 오기를 한참 기다리고 나면 둘이 한꺼번에 도착하곤 하는 법이다. 이처럼 불과 1년 뒤인 2023년 첼시 꽃 박람회에서 또 다른 장미 육종 회사인 데이비드 오스틴 로즈 역시 BBC의 방송 프로그램 '인스턴트 가드너(Instant Gardener)'에서 '검은 정원사'로 명성을 얻은 영국의 원예가이자 정원 디자이너 다나휴 '대니' 클라크(Dannahue 'Danny' Clarke, 1960~)의 이름을 딴 장미를 출시했다. 장미 관목인 로사 '다나휴'(Rosa 'Dannahue')는 과일 향이 나며 옅은 살굿빛을 띤 품종이다.

이스텀린의 초상화는 귀네드의 플라스 디나스에 소장되어 있으며, 웨일스 국립 도서관에는 이 초상화를 판화로 제작해 찍은 판본이 있다. '존 이스텀린'도, '다나휴'도 둘 다 정원 가꾸기, 원예를 비롯해 야외에서 일하는 직업군에서 그동안 과소대표되었던 사람들을 더 드러내고 인정하려는 움직임을 나타내는 듯하다.

51

물소를 피해 찾아낸 식물
극락조화

Strelitzia reginae

식물 채집은 항상 위험이 따르는 일이다. '왕의 수집가'였던 스코틀랜드의 식물학자 프랜시스 매슨(Francis Masson, 1741~1805)는 조지프 뱅크스 경을 통해 극락조화를 영국에 들여왔다는 공로를 오래전부터 인정받았던 사람이다. 매슨이 이 아름다운 식물을 언제 처음으로 보았는지에 대해서는 알려지지 않았지만, 그 대신 스웨덴의 식물학자 칼 페테르 툰베리(Carl Peter Thunberg)가 1780년에서 1799년 사이의 유럽, 아프리카, 아시아 여행에서 어떻게 극락조화를 극적으로 만나게 되었는지에 대해서는 생생한 이야기가 전해져 온다.

당시 툰베리는 가이드인 네덜란드 동인도회사 소속 케이프타운 정원의 관리자인 요한 아우게(Johan Auge), 레너디라는 이름의 군인과 함께 여행길에 올랐다. 1772년 11월 3일, 이 소규모 일행은 침입자 때문에 매우 화가 닌 물소의 매복 공격을 받았다. 이 격분한 동물은 말 한 마리를 죽인 뒤 다른 말을 심하게 다치게 했으며 다시 다른 곳에서 싸움을 벌이고자 발을 굴러댔다.

위험에 처한 툰베리는 눈에 들어오는 가장 가까운 나무에 기어 올라 몸을 피했다. 물소가 물러가자 툰베리는 황급히 나무에서 내려가 동료들을 찾았는데, 당시 자신을 맞이한 광경에 대해 그는 이렇게 묘사했다. "동료 두 사람은 총을 등에 메고 나무줄기에 두 마리의 고양이처럼 앉은 채 아예 말을 잃은 상태였다. 그러다가 레너디가 마침내 울먹거리며 자신의 기운찬 두 마리 말을 잃은 것에 대해 개탄했다. 정원사는 너무 큰 충격을 받은 나머지 며칠 동안 거의 한마디도 하지 못했다."

이 사건이 있고 며칠 동안 툰베리는 혼자서 식물 탐색 작업을 이어갔고, 결국 활짝 만개한 극락조화를 찾게 되었다. 툰베리는 이 식물에 대해 이렇게 썼다. "이 근처에서 노란 꽃과 파란 꿀샘을 가진 이 종이 자라다니 놀랍다. 그것도 같은 식물종 가운데서 가장 아름다운 개체였다. 나는 그 구근을 구해 유럽으로 보내도록 조치했다." 이것은 툰베리가 1773년 초에 라이덴과 암스테르담 식물원에 보낸 구근을 가리키는 게 분명했다. 툰베리 일행은 나중에서야 성질이 너무 사나운 나머지 자기 무리에서도 쫓겨나 혼자 살아야 했던 악당 물소 한 마리가 그 근방에 있었다는 사실을 현지인들한테서 들었다. 미리 알았다면 얼마나 좋았을까.

52

순백의 완벽을 강요당한 꽃
라일락

Syringa vulgaris

1년 중 어느 때든, 꽃다발을 고를 때 꽃의 향기는 높이 평가되곤 한다. 그러니 향기가 좋은 만큼 외적으로도 감미로워 보이는 꽃이 등장하면 그 식물이야말로 많은 사람이 찾는 인기 상품이 될 수밖에 없다. 특히 향기로운 흰색 꽃을 피우는 라일락은 오랫동안 순수함과 결백함을 대표하는 식물이었다. 비록 1554년에 이 꽃을 최초로 기술한 프랑스의 박물학자이자 스파이로 추정되는 인물 피에르 블롱(Pierre Belon, 1517~1564)에 대해서는 같은 평가를 내릴 수 없겠지만 말이다.

블롱은 지중해 동부의 여러 나라를 몰래 탐험하면서 그곳 식물에 대한 연구 결과를《별난 것과 기억에 남는 것들에 대한 관찰(Observations of many oddities and memorable things)》이라는 제목의 책으로 출판했다. 여기서 그는 터키 사람들이 꽃들, 특히 '가지가 거의 팔뚝지 실이고 보라색을 띠며 여우 꼬리만큼 꽃차례가 큼직한' 라일락을 얼마나 사랑하는지를 묘사했다. 그리고 블롱은 여행을 하면서 프랑스 당국이 관심을 가졌던 특정 식물들의 약효를 둘러싼 비밀에 깊은 관심을 가졌다. 그는 항상 식물 추출물들의 조합에 대한 아랍어 이름을 정리한 아비센나(Avicenna)의《의학 규범(Canon of Medicine)》(1012년경)을 한 권 가지고 다녔다. 블롱이 '약방'이라 알려진 소규모 전문점들을 자주 방문했지만, 끊임없이 질문을 던지는 사람들에게 으레 그렇듯 가게 주인들의 반응은 적대적이었다. 이후 블롱은 파리로 돌아오는 길에 불로뉴 숲 공원에서 암살당하고 말았다. 그는 '너무 많은 것을 알고' 있었기에 정황상 그렇게 놀랍지도 않은 일이었다.

1562년, 플랑드르의 외교관이자 약초상인 오지에 기슬랭 드 뷔스베크(Augier Ghislain de Busbecq, 1522~1592)는 블롱이 발견한 '여우 꼬리' 표본과 그림을 가지고 빈에 돌아왔다. 이후 1565년에 이탈리아의 식물학자인 피에트로 안드레아 마티올리(Pietro Andrea Mattioli, 1501~1577)는 이 뷔스베크의 그림을 활용해 이 식물의 첫 번째 목판 삽화를 만들었고 '라일락'이라는 이름을 붙였다. 1570년, 뷔스베크는 프랑스로 이사 가며 그가 좋아하던 라일락 중 일부를 함께 가져갔고 파리에 처음 소개했다. 그렇게 라일락은 곧 파리의 정원을 채우기 시작했으며, 1년 내내 수익성이 좋은 상품을 개발하려는 지역 꽃집 주인들의 바람을 이루는 토대가 되었다.

특정한 계절에만 피는 몇몇 꽃들은 우리가 계절의 흐름을 느끼며 한 해를 보내게 하지만, 절화 산업은 대자연을 거스르고 계절에 맞지 않는 꽃을 강제로 생산하는 방법을 찾곤 했다. 라일락도 그런 예다. 상업적인 이유로 흰색의 라일락을 강제로 피우는 기법은 일찌감치 1774년부터 프랑스의 동굴이나 지하실에서 이루어졌다. 놀랍게도 꽃의 원래 색깔과 상관없이, 흰색이 아닌 라일락이라도 어두운 곳에 강제로 집어넣으면 나중에 흰색 꽃을 피우기 때문이었다. 식물을 더 어두운 곳에 두면 더

욱더 흰색을 띠었고, 그렇게 '흰 라일락' 산업이 탄생했다. 그 가운데서도 1808년 베르사유 근처의 샤토 드 말리 정원에서 처음 재배된 '릴라스 드 말리'라는 진한 보라색 품종이 이렇듯 강제로 색을 바꾸는 작업의 재료로 인기가 있었다.

향기롭고 하얀 라일락꽃에 대한 수요가 압도적으로 커지면서, 파리의 남쪽 교외와 그 근방에는 이런 강제 전환 작업을 하기 위한 널찍하고 난방 시설을 갖춘 창고들이 생겼다. 라일락은 늦여름에 꽃봉오리를 만들었다가 이후 동면에 빠진다. 그렇기에 강제 전환 작업은 여름철부터 시작되었다. 라일락 숲에서 일하는 정원사들이 최소 5년 넘게 자란 식물의 기다란 순이나 새싹을 뽑는다. 뿌리가 작게 공처럼 뭉쳐져 있는 싹은 창고 안에서 겨울까지 동면 상태로 유지되었다. 그런 다음 이 싹을 창고 내부의 비옥한 토양 위에 여러 줄로 빽빽하게 심는다. 빛이 전혀 들어오지 않게 하려고 문과 창문은 모조리 굳게 닫혔고 유리도 밀짚 매트로 덮은 다음 내부를 덥히기 시작한다. 이때 40도로 온도를 고르게 유지하면 3주 안에 꽃봉오리가 열리지만, 맨 윗부분의 봉오리가 완벽하게 피어나게 하기 위해 아래쪽 대부분은 미리 손으로 벗겨낸다. 늦은 저녁에 꽃대를 수확하는 동안 이 창고에서는 엄청나게 진한 향이 뿜어져 나왔을 것이다. 수확이 끝나면 꽃은 상자에 들어가 서늘하게 유지된 다음, 런던이나 파리를 비롯한 여러 유럽 도시들, 심지어 러시아의 상트페테르부르크까지 향하는 기차와 증기선에 올랐다.

이처럼 거의 기적에 가까운 과정을 거쳐 당당하게 피어난 순백색 꽃들은 사람들의 호기심을 끌었다. 빅토리아 시대 사람들은 라일락의 달큰한 향을 좋아했으며 이 꽃은 '귀부인 침실의 향'이라는 별명이 붙으며 유명해지기도 했다.

이렇게 강제로 라일락을 희게 만드는 산업을 통해 전 세계 꽃집에 꽃을 공급하는 와중에도, 빅토르 르무안(Victor Lemoine, 1823~1911)과 그의 아내 마리루이즈(1834~1905) 같은 잡종 교배업자들의 헌신 덕분에 1894년에는 향이 매우 강한 흰색의 겹꽃 라일락, 시링가 불가리스 '마담 르무안'(*Syringa vulgaris* 'Madame Lemoine')이 재배되기에 이르렀다.

라일락은 수명이 100년은 쉽게 넘어가며 방치되어 버려진 정원에서 오래된 표본이 발견되는 경우도 잦다. 이런 개체는 한때 엄청난 유행이었고 이 꽃이 그렇게 흔하지도 않았던 시대의 기분 좋은 생존자들이다.

53

죽은 자의 영혼을 인도하는 꽃
아프리칸메리골드

Tagetes erecta

1683년, 영국의 농경인이었던 존 월리지(John Worlidge, 1640~1700)는 이 식물을 "대단히 큼직한 노란색 꽃을 피우며 꽤 외설적인 향을 풍긴다"라고 묘사했다. 그리고 1849년《화훼 문화 캐비닛(The Floricultural Cabinet)》과《플로리스트 매거진(Florists Magazine)》은 이 꽃의 크고 선명한 색의 꽃송이는 마치 냄새를 감추려고 하는 듯하다며 '행동보다는 옷차림으로 호감을 사려 하는 사람들'과 마찬가지라고 했다. 그렇게 말하는 건 다소 부당하지 않을까? 확실히 아프리칸메리골드는 특유의 사향 냄새를 풍기며 '나를 바라봐'라는 듯한 태도를 보인다. 그 냄새는 식물이 으스러지거나 상처가 났을 때 줄기나 잎에서 나는데, 사실 이 냄새는 곤충을 가까이 다가오지 못하게 하기에 농작물의 해충을 막는 데 유용하다.

천수국이라고도 하는 이 꽃의 원산지는 멕시코와 남아메리카가 원산지다. 이 꽃의 일반명 '아프리칸메리골드'는 그것이 유럽에 도입되었던 중간 경로에서 따온 이름이다. 멕시코의 아즈텍 사람들은 수천 년 동안 메리골드를 귀하게 여겨 계속 재배했는데, 장식용이나 약용으로뿐만 아니라 죽은 자를 기리는 문화적인 의식에 이 꽃이 꼭 필요했기 때문이었다. 1552년에 출간된《아즈텍 약초에 대한 크루즈-바디아노 문서(De la Cruz-Badiano Aztec herbal)》('인디언의 약초에 관한 책'이라고도 불린다)에도 메리골드가 가진 마법의 힘이 기록되어 있는데, 사람이 '강이나 물을 안전하게 건너도록' 해주었다고 한다.

이처럼 이 꽃이 어딘가를 안전하게 지나게 해준다는 관념은 매년 11월 2일 멕시코에서 열리는 '죽은 자의 날' 행사에 반영된다. 멕시코에서 죽은 자들은 여전히 공동체의 일원으로 여겨지며 이 행사 날 이들은 일시적으로 지상에 다시 올라온다. 이때 '죽은 자들의 꽃'으로 알려진 메리골드는 밝은색과 강한 향기 덕분에 중요한 역할을 하는데, 멕시코인들은 그 꽃잎을 묘지와 집의 제단에 뿌리면 사랑하는 고인의 영혼이 고향에 돌아오도록 안내한다고 여긴다. 또한 고인이 가장 좋아했던 유품과 음식이 놓인 제단을 이 꽃으로 장식하기도 한다.

이 행사에서 수천 송이의 아프리칸메리골드가 무덤을 장식하는 데 사용되기 때문에 이 식물은 멕시코의 공동묘지 근처에서 많이 자란다. 2008년, 유네스코는 전 세계적으로 여러 문화적 관습에 대한 인식이 높아지고 있는 현실을 반영해 '죽은 자의 날'을 인류 무형 문화 유산으로 선정했다.

54

광기 뒤의 생존자
렘브란트튤립

Tulipa 'Absalon'

튤립이란 식물의 가장 매력적인 점은, 이 식물이 어떠한 약효도 갖고 있지 않으며 실용적인 쓸모 또한 전혀 없다는 점이다(물론 안전하게 처리한다면, 튤립의 구근은 극심한 식량 부족기에 최후의 수단으로 활용될 수 있다). 튤립은 향이 거의 없거나 전혀 나지 않는 만큼, 우리 정원에서의 그 엄청난 존재감을 뒷받침할 만한 근거가 사실상 없다. 단지 그 자리를 차지하고 앉아 화려한 겉모습을 자랑할 뿐이다. 역사가 거의 250년이나 된 렘브란트튤립, 튤리파 '압살론'(*Tulipa* 'Absalon') 역시 사람들이 튤립이라는 꽃을 무엇보다 중요하게 다뤘던 시절의 아름다운 유산이다.

수백 년 동안, 여행자들과 수집가들은 멀리 떨어진 지역에서 식물을 채취한 다음 야생의 형태로 그대로 가져와 교배해 새로운 정원용 품종으로 재배했다. 하지만 16세기에 튀르키예에서 모습을 드러낸 튤립은 조금 달랐다. 이미 수 세기 동안 그곳에서 재배되어 이미 아름답고 정교하게 다양한 색상과 형태를 갖춘 꽃이었다.

그동안 많은 사람이 튀르키예에서 오스트리아를 거쳐 유럽의 나머지 지역으로 튤립을 소개하는 데 중요한 역할을 했다. 먼저 1570년대부터 이 꽃을 널리 소개해 대중화한 사람은 프랑스의 식물학자이자 의사인 카롤루스 클루시우스였다. 영국의 여행자이자 지리학자인 리처드 해클루트(Richard Hakluyt)가 1582년 자신의 저서인《영국의

주요 항해와 그 발견(The Principal Navigations, Voyages and Discoveries of the English Nation)》에 기록한 바에 따르면, 클루시우스는 1578년경 최초로 튤립의 구근을 영국에 보냈다. 해클루트는 당시의 상황을 이렇게 설명한다. '이때 4년에 걸쳐 튤리파라고 불리던 다양한 종류의 꽃이 빈을 거쳐 잉글랜드에 들어왔는데, M. 카롤루스 클루시우스라는 훌륭한 인물의 손에 조달되었다.'

유럽 대륙으로 돌아가면, 사람들에게 신선함을 안겨준 튤립이라는 꽃의 수요가 늘어나면서 곧 인기가 급증했고 가격도 오르기 시작했다. 그러면서 일부 튤립 재배자들뿐만 아니라 기민하게 머리가 잘 돌아가는 상인들 역시 떼돈을 벌기에 이르렀다. 처음에는 주로 단일 색상이었던 이 꽃은 노란색이나 흰색의 배경색 위에 눈에 띄는 색의 줄무늬나 소용돌이가 나타나도록 개량되었다. 특히 네덜란드에서 튤립은 거의 마술 같은 힘을 가졌다고 해야 할 정도로 사람들의 갈망을 불러일으켰고, 사회 전체에 튤립이 끼친 영향이 매우 컸다. 1634년에서 1637년 사이에 이런 희귀하고 기묘한 무늬를 가진 튤립은 다른 어떤 꽃보다도 사람들의 탐욕을 부추겼다.

이렇게 실제 수요가 반영된 것이든 단지 투기적 현상이었든 간에, 튤립 구근이 누구에게나 부를 안겨줄 가능성을 제공하자 엄청난 액수의 돈이 오갔다. 모든 것을 운에 맡기는 승부였던 이 사업은 '튤

립 파동’, ‘튤립 광기’로 그야말로 절정에 달했다. 하지만 이 광란에 휩싸인 투기자들이 몰랐던 사실이 있다면, 한번 복잡한 줄무늬가 나온 튤립은 점점 그 특성이 약해져 결국 구근에서 꽃이 피지 않게 된다는 점이었다. 이런 꽃은 ‘깨진 튤립’이라고 불렸다.

이런 증상은 1576년 클루시우스에 의해 처음으로 기록되었다. “어떤 튤립이든 색깔이 바뀌고 나면 보통 점점 망가지는데, 마치 주인에게 작별을 고하기라도 하듯이 죽기 전에 이런 다양한 색상으로 눈을 즐겁게 할 뿐이다.” 이것이 바로 1630년대에 ‘셈페르 아우구스투스’(붉은색과 흰색의 줄무늬), 1637년에 ‘바이스로이’(흰색과 보라색의 줄무늬)처럼 가장 유명하고 값비싼 품종이 점차 사라지게 된 이유이다. 클루시우스의 설명이 앞날을 내다보긴 했지만, 튤립의 이런 기묘한 특성을 설명할 과학적인 이유는 그 뒤로 352년 동안 밝혀지지 않았다.

마침내 튤립 광기의 거품이 꺼지면서 투기꾼들은 “이제 다시는 이런 일이 없어야 한다”라고 울부짖었다. 그들이 내다본 대로 거의 100년이 지나 이번에는 히아신스 업계에 비슷한 흐름이 감지되었고, 네덜란드 정부는 1734년 재빨리 새로운 ‘꽃 광기’를 막기 위한 경고문을 인쇄했다.

그러는 동안 ‘깨진 튤립’ 현상은 수 세기에 걸쳐 재배자들이 혼란에 빠지는 커다란 원인이 되었다. 그리고 이런 아름다운 변이 품종 가운데 하나였던, 1780년에 등장한 튤리파 ‘압살론’은 노란 바탕색 위에 풍성한 버건디 갈색의 소용돌이치는 패턴이 특징이었다.

그렇다면 ‘깨진 튤립’이 부추긴 튤립 광기 뒤에는 어떤 마법 같은 비밀이 숨겨져 있었을까? 1927년이 되어서야 존 이네스 연구소(현재 존 이네스 센터)에서 일하던 진균학자 도로시 메리 케일리(Dorothy Mary Cayley, 1874~1955)가 그 비밀을 밝혔다. 케일리는 튤립 파동 동안 사람들이 매우 귀중하게 여겼던 아름다운 ‘깨진 튤립’ 품종들은 사실 진딧물이 퍼뜨린 바이러스에 의해 발생했다는 사실을 발견했다. 바이러스에 감염된 구근을 반 잘라 건강한 반쪽 구근과 접붙이면 바이러스를 전염시킬 수 있었다. 답을 찾는 데 왜 이렇게 오래 걸렸는지 의문을 느낄 법하다. 그건 ‘바이러스’라는 용어가 1880년대까지도 현대적인 의미로 이해되지 않았으며, 연구자들이 바이러스를 추적하도록 해준 전자 현미경은 1920년대 들어서야 개발되었기 때문일 것이다.

이후로 이렇게 바이러스에 감염되었거나 자연적으로 ‘깨진’ 튤립들이 나타났다가 사라졌다. 이런 튤립이 생기면 이제 주변의 다른 식물을 감염시킬까 우려되어 대개 즉시 폐기된다. 하지만 이런 ‘저주받은’ 튤립들과 달리 튤리파 ‘압살론’ 같은 품종은 없어지지 않고 보존되었다. 이 품종의 색깔은 자연적으로 나타난 것으로 추정되며 그래서인지 다른 ‘깨진’ 튤립처럼 금세 사라지지 않았다.

‘압살론’은 안정적으로 길게 꽃을 피우는 품종으로 그야말로 고풍스러운 정원용 관상화이다. 하지만 이 꽃은 한때 종을 멸종시킬 수도 있었던 질병 때문에 사람들의 욕망을 불러일으켰던 옛 시절을 상기시키기도 한다.

땅의 기쁨
작은페리윙클

Vinca minor sp.

매리언 더들리 크랜(Marion Dudley Cran, 1875~1942)은 놀라운 재능을 보였지만 그 업적이 거의 아무도 모르게 사라진 여성들 중 한 명이었다. 1923년 8월, BBC가 창립된 지 1년쯤 지난 시기부터 크랜은 정원과 가드닝을 주로 다루는 라디오 프로그램을 진행하기 시작했다. 크랜은 최초의 가드닝 관련 라디오 방송인이었을 뿐만 아니라, 그 영광을 얻은 최초의 여성이었다. 특히 크랜은 '빈카'라고도 불리는 작은페리윙클을 특별히 사랑했고 오래된 옛 품종들을 되살리기도 했다.

1913년, 크랜은 자기만의 정원을 가꾸려는 사람들을 겨냥한 베스트셀러《무지의 정원(The Garden of Ignorance)》을 펴내 두각을 나타냈다. 주로 여성이었던 청취자들의 관심을 아름다운 정원으로 돌려 새로운 정원용 식물을 소개하는 크랜의 능력은 라디오를 통해 더욱 널리 전파되었다. 라디오 방송국에는 청취자들의 문의 편지가 주기적으로 쇄도했고, 그에 따라 크랜은 자극을 받으며 집필을 더 이어갔다.

1928년에 크랜이 펴낸 책《땅의 기쁨(The Joy of the Ground)》은 켄트주 베넨든 코거스에 있는, 14세기에 지어진 자기 집의 정원에서 벌어졌던 사건들을 담았다. 어느 날 크랜은 집에서 가까운 오솔길을 따라 산책하는 동안 평소에 관심을 가졌던 페리윙클이 울타리 아래 자라는 모습을 발견했다. 크랜에 따르면, "그것은 페리윙클치고 그동안 듣도 보도 못한 불그스름한 와인색이었다." 실제로 굉장히 흔치 않은 발견이었다.

우리에게 좀 더 친숙한 엷은 푸른색 또는 보랏빛 도는 푸른색을 띤 페리윙클은 자유롭게 돌아다니는 습성이 있어 지난 수천 년 동안 영국과 유럽의 여러 지역에 터를 잡고 살아왔다. 스노드롭 군락과 비슷하게, 페리윙클은 보통 근처에 사람이 거주했음을 나타내는 지표이기도 하다.

시인 에드워드 토머스(Edward Thomas, 1878~1917)는 자신의 시 〈이야기〉의 첫머리에 이 식물을 다음과 같이 솜씨 좋게 묘사했다.

이곳 폐허가 된 오두막에
한때는 벽들이 서 있었는데
거기에 페리윙클이 기어가며 자랐다
머리에 꽃을 얹고 숲으로 향했다

페리윙클이라는 일반명은 라틴어로 '묶다', '끈'이라는 뜻을 지닌 'pervincula'에서 왔는데, 이 식물의 길고 튼튼하며 유연한 줄기 때문일 것이다. 한때 이 줄기는 물건을 묶어 고정하는 데 쓰이기도 했다.

집 근처에서 이 특이한 페리윙클을 발견한 크랜은 재빨리 자기 정원에 옮겨 심었고, 그곳에서 꽃이 피기 시작했다. 그리고 크랜에게서 이 절화를 받은 가까운 친구는 존 파킨슨의 저서《태양의 천국, 지상의 천국》을 보다가 파킨슨이 이미 1629년에 이 식물을 알았다는 사실을 발견했다. 파킨슨에 따르면 "가장 흔한 종류는 연한 색이지만, 그중에는 가끔 검붉은 자주색을 띠는 것도 있다." 자신의 집이 600년 전에 지은 곳이었던 만큼, 크랜은 이 붉은 페리윙클이 '수 세기 전에 정원에서 탈출한 식물'이었으리라는 결론에 도달했다. 14세기에 이런 작은페리윙클은 '땅의 기쁨(the joy of the ground)'이라는 일반명으로 불렸다.

이후 1931년, 자신이 태어난 남아프리카공화국을 다시 방문하기 전 마지막 라디오 방송에서 크랜은 청취자들에게 붉은색 작은페리윙클에 대한 이야기를 하며 잘 키워줄 사람이 있다면 일부 식물을 분양하겠다고 말했다. 그 결과 수백 통의 편

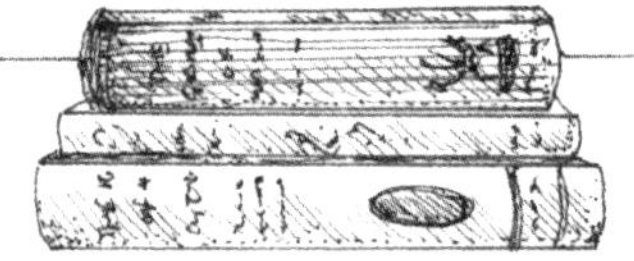

지가 도착했다. 크랜은 이 식물을 가능한 한 여러 포기로 나눈 다음 사람들에게 보냈다. 크랜이 내세운 유일한 규칙은 그 식물이 공짜 선물인 만큼, 받은 사람들도 누군가에게 돈을 받고 팔면 안 된다는 것뿐이었다. 정원을 가꾸는 사람들 사이에서 주고받으며 '땅의 기쁨'을 진정으로 나누도록 하기 위해서였다.

크랜이 다시 코거스로 돌아왔을 때 크랜의 작은 페리윙클은 여전히 잘 자라고 있었으며, 식물을 받은 사람들에게서 도착한 편지의 양으로 미루어 볼 때 이제 캐나다나 미국, 남아프리카 전역의 정원에서 널리 자라는 것처럼 보였다. 이후로 크랜이 계산한 바에 따르면 여러 해에 걸쳐 6,000개체 이상이 전 세계적으로 퍼졌으리라 짐작되었다.

매리언 크랜은 자신의 붉은색 작은페리윙클을 주기적으로 여기저기서 마주했다. 예컨대 어느 오후 여러 곳을 산책하던 크랜은 작은 마을에서 오두막에 딸린 작고 예쁜 정원을 가꾸는 한 노인을 우연히 만났다. 여기서 크랜은 페리윙클 하나를 발견하고 꽃의 색이 붉은색인지 묻자 정말로 그랬다. 아버지가 빨간색을 좋아한다며 딸이 보내주었다는 것이었다. 노인은 "딸이 무슨 라디오에서 공짜로 얻었다"라고 자랑스레 말했다.

하지만 애석하게도 매리언 크랜 자신이 그랬듯 전 세계의 여러 라디오 청취자들과 정원사들을 크랜과 엮어주었던 붉은색 작은페리윙클은 이제 다시 어둠 속에 사라진 것처럼 보인다. 그래도 이 '땅의 기쁨'은 날카로운 안목을 지닌 또 다른 식물 애호가들에게 재발견되기만을 기다리며 어느 정원의 구석에서 몰래 자라고 있을 것이다.

페리윙클의 꽃말인 '기억이 주는 즐거움'은 이 꽃에 딱 들어맞는 것 같다.

56

기차를 통해 전해진 향기
향기제비꽃

Viola odorata

향기제비꽃은 작고 사랑스러운 동시에 무척이나 독특한 식물이다. 1629년, 존 파킨슨은 언제나처럼 독수리처럼 날카로운 눈으로 이 식물은 꽃이 피지 않은 채 종자를 맺는다는 사실을 간파했다. 이것은 꽃이 닫힌 채 '폐쇄화' 안에서 자가 수분이 일어난다는 뜻이었다. 마치 수건을 두른 채 수영복을 갈아입는 것과 비슷하다. 나중에 이 종이 겸손을 상징하게 된 이유도 이런 특징 때문일 것이다.

향기제비꽃은 수 세기 동안 상업적으로 재배되었지만, 19세기 초 동유럽에서 몇몇 새로운 품종이 도입되면서 제비꽃 재배자들은 좀 더 튼튼하고 꽃이 크고 줄기가 긴 흥미로운 새 품종을 생산하게 되었다.

서머싯주 클리브던 근처 티큰햄에서 과일과 제비꽃을 재배하던 조지 리(George Lee, 1817~1913)는 1871년 어느 일요일 교회에서 돌이외 지신의 육묘장으로 향했다. 아직 영적으로 고양되어 있었던 리는 무릎을 꿇고 기도를 시작했는데, 눈을 뜨자 딸기 사이에 처음 보는 놀라운 제비꽃이 자라고 있는 것을 발견했다. 리는 빅토리아 여왕을 기리기 위해 이 품종에 비올라 오도라타 '빅토리아 레기나'(*Viola odorata* 'Victoria Regina')라는 이름을 붙였다.

프랑스의 제비꽃 재배자들이 그동안 영국 시장에 꽃을 공급했지만, 작은 꽃다발들은 영국에 도착할 때쯤엔 이미 시들어 최상의 상태를 잃어버리곤 했다. 가까운 곳에서 생산하는 조지 리의 새로운 품종에 열광하며 감탄하는 사람들도 점차 많아졌고, 이 품종은 곧 전국으로 포장되어 운송되기에 이르렀다. 클리브던 역에서 출발한 꽃은 그레이트 웨스턴 철도 덕분에 주문받은 곳에 신선하게 도착했다.

리의 새로운 제비꽃은 인기에 힘입어 '클리브던 제비꽃'으로 알려지게 되었고, 한때 런던의 코번트 가든 꽃 시장에서 판매량이 다른 모든 제비꽃을 능가했다. 1883년에 이르러서는 이 꽃의 인기 덕에 신문에서 "클리브던 기차역의 철도 소포 사무실에 처음 오는 손님들이 놀랄 만큼 향기가 새어 나온다"라는 보도가 나올 정두였다.

오늘날 향기제비꽃은 티큰햄과 그 근방의 오래된 생울타리 사이에서 발견된다. 먼 옛날 한 남자의 기도에 응답해 그에게 성공을 가져다주었으며 철도 객차와 대합실에 향기가 풍기게 했던 작은 꽃들이다.

미국등나무

Wisteria frutescens, Glycine frutescens(이명)

오늘날 전 세계적으로 가장 널리 재배되는 등나무는 중국산 위스테리아 시넨시스(*Wisteria sinensis*)와 일본산 위스테리아 플로리분다(*Wisteria floribunda*) 두 종이다. 반면에 북아메리카에 사는 사촌인 위스테리아 프루테스켄스(*Wisteria frutescens*)에 대해서는 아는 사람이 드물다.

여름에 꽃을 피우는 이 종은 18세기 초 유럽에 처음 소개되었다. 1722년 5월 영국의 박물학자 마크 케이츠비(Mark Catesby, 1682~1749)가 미국 사우스캐롤라이나를 두 번째로 방문하던 길에 이 종의 씨앗을 채집했다. 케이츠비는 자신이 '캐롤라이나 강낭콩 나무'라고 부른 이 식물의 씨앗을 런던에 있는 켄싱턴 육묘장의 원예사 로버트 퍼버(Robert Furber, 1674~1756)를 포함한 영국의 다양한 관련자들에게 보냈고, 씨앗은 이 육묘장에서 처음 꽃을 피웠다. 1727년 퍼버는 '케이츠비의 새로운 덩굴식물'이라는 라벨이 붙은 항목이 포함된 카탈로그를 출판했다.

정원사 협회의 존경받는 구성원이었던 퍼버는 미국에서 식물을 들여와 전파하는 데 큰 공을 세웠을 뿐 아니라, 플랑드르의 예술가인 피테르 카스테일스 3세(Pieter Casteels III)에게 꽃이 피는 계절 식물이 중심이 되는 여러 장의 삽화가 들어간 카탈로그를 디자인하도록 의뢰했다. 이 작품은 〈꽃의 12개월〉이라고 알려지게 되었으며 나중에 판화로 제작되어 색이 입혀졌다. 1731년 미국등나무는 다른 한여름 꽃이 피는 식물들 사이에서 자리를 차지하며 7월호에 소개되었다. 1년 뒤 이 월간 카탈로그는 〈꽃의 정원을 보이다〉라는 제목으로 좀 더 작게 재발행되었으며 이번에 미국등나무에는 '캐롤라이나 강낭콩'이라는 이름이 붙었다. 퍼버는 "이 식물은 자줏빛이 도는 길쭉한 수상꽃차례를 이루어 아주 보기 좋다"라고 묘사했다.

그렇게 일단 자리를 잡고 나서 이 종은 18세기의 몇몇 유명한 식물학자와 정원사들에게 수요가 많았으며 이들이 60년 넘게 독점적으로 재배했다. 1789년까지, 미국등나무는 1753년 린네가 붙인 학명인 글리키네 프루테스켄스(*Glycine frutescens*)로 큐 왕립 식물원에서 재배되었다. 프랑스에서 아직 사용되는 속명이며 콩속을 뜻하는 글리키네(*Glycine*)는 '달다'를 뜻하는 그리스어 '글리키스(glykys)'에서 유래했다.

1818년에는 영국계 미국인 식물학자 토머스 너털(193페이지 참조)은 콩(*Glycine max*)을 포함하는 콩속의 꽃들 사이의 차이를 살폈고, 그에 따라 새로운 속 위스테리아(*Wisteria*, 등속)를 만들었다. 이 속명은 세상을 떠난 지 얼마 되지 않은 해부학자 카스파르 위스타(Caspar Wistar, 1761~1818) 교수를 기념하기 위한 이름이었다. 위스타 가문은 독일에서 왔으며 원래 이름은 뷔스테르(Wüster)였다. 미국으로 이민을 갔을 때 이들은 이전의 많은 이민자가 그랬듯 사회에 동화되고자 이름을 미국식으로 바꿨지만, 이들 중 한 가족은 위스터(Wister) 대신 위스타(Wistar)라는 이름을 택했다.

1818년에 출판된 저서《북아메리카의 식물 속》2권에서 너틸은 위스테리아(Wisteria)의 철자 표기를 'e'로 했고, 단 그 이름이 '소박한 예의와 겸손함을 지닌 자선가이자 과학 분야의 적극적인 선도자'였으며 지금은 고인이 된 카스파르 위스타 교수를 기리기 위한 것이라고 각주에 덧붙였다. 'Wisteria'라는 표기는 색인에서도 반복되었는데, 몇몇 사람들은 이것이 어설픈 실수가 아니라고 여겼다. 너틸은 예리한 박물학자이자 위스타 교수의 사촌인 찰스 존 위스터(Charles John Wister, 1782~1865)와 무척 사이좋은 친구였다. 위스터는 미국 필라델피아에 있던 린네 협회의 회원이었고 너틸과 함께 자주 식물 탐사 여행을 다녔다.

한편 일부 문헌에서 이 속은 여전히 위스타리아(Wistaria)라는 철자로 표기되지만 보통은 잘못 인쇄된 오자라고 무시되곤 한다. 그동안 식물학자들은 어떻게 너틸처럼 똑똑하고 잘 교육받은 사람이 스스로 매우 존경하던 사람을 기려 식물의 속명을 지을 때 그렇게 엄청난 실수를 저질렀는지 궁금해했다. 그 속내는 실제로 무엇이었을까?

너틸은 친구 찰스에게 '위스테리아(Wisteria)'라는 이름이 '위스타리아(Wistaria)'보다 더 그럴듯한 울림을 가졌다고 털어놓았다고 한다. 그러니 너틸은 뷔스테르(Wüster)에서 이름이 바뀐 가문의 양쪽 갈래를 둘 다 기념하기 위해 위스테리아(Wisteria)라는 속명을 선택했다고 결론짓는 게 타당하다. 어쨌든 누군가를 기리는 마음이 더 중요한 것 아니겠는가. 이후로 보다 화려하고 무성하게 자라는 중국과 일본의 등나무 사촌들이 미국등나무의 인기 순위를 따라잡았다. 하지만 대신 이 종은 아담하다는 장점도 있고 현재 여러 품종이 존재하기 때문에 아예 사라지지는 않았다. 결국 자기 자신만의 가치를 증명한 셈이다.

영국 출신 박물학자였던 너털은 22세 때 영국 리버풀에서 미국 필라델피아로 여행을 떠났다. 이때 펜실베이니아 대학의 박물학자 벤저민 스미스 바턴(Benjamin Smith Barton)은 그가 미국의 식물상을 연구하고 채집하도록 설득했다. 그에 따라 너털은 1811년에서 1834년 사이에 여러 차례 탐사에 참여했으며, 태평양 연안을 따라 육로를 여행한 최초의 식물학자들 중 한 사람이었다. 그는 식물 채집에 너무 집중한 나머지 심하게 빠져들어 자신의 몸에 닥친 위험도 의식하지 못할 정도여서, 괴짜라는 소문이 파다했다. 너털은 식물을 파낼 때 총으로 땅을 파거나 총열에 식물 씨앗을 저장하거나 해서 총을 망가뜨리기도 했다. 그래서 사람들은 프랑스어로 바보, 미치광이라는 뜻인 '르 푸(le fou)'라는 별명을 그에게 붙였다. 하지만 그럼에도 너털은 미국 전역의 식물상을 정리하는 데 성공했고 하버드 대학 식물원의 큐레이터가 되었다. 그래도 유산을 상속받으려면 매년 9개월은 영국에 거주해야만 했던 만큼 1841년에 고향으로 돌아왔다. 오늘날 너털은 '아메리카 서부 식물학의 아버지'로 알려져 있다.

58

마를수록 빛나는 아름다움
밀짚꽃

Xerochrysum bracteatum, Helichrysum bracteatum(이명)

밀짚꽃의 바삭바삭한 종이 같은 포엽은 거의 조화처럼 보일 정도로 인공적인 느낌을 준다. 빅토리아 시대 사람들은 자연계를 아주 좋아했고 자연의 무언가가 특이할수록 더 환영했다. 그래서 이 종의 독특한 꽃들은 당시 사람들의 호기심을 끌었다. 둥근 유리 케이스에 전시된 이 꽃은 분명 사람들의 활기찬 대화를 이끌어냈을 것이다.

밀짚꽃, 크세로크리숨 브락테아툼(*Xerochrysum bracteatum*)을 처음 채집한 인물은 1770년 5월 '아직 알려지지 않은 남쪽 땅'을 탐험하던 제임스 쿡(James Cook) 선장의 엔데버호 첫 항해에 참여했던 조지프 뱅크스와 다니엘 솔란데르였다. 이 최초의 표본에 무슨 일이 벌어졌는지는 불분명하다. 1800년, 니콜라스 보댕(Nicolas Baudin)이 이끄는 탐험대가 오스트레일리아에 상륙했고, 이 식물의 씨앗과 다른 표본들을 가지고 프랑스에 돌아왔다. 이 씨앗은 1803년 말메종 성에 꽃을 피웠고, 그 정원에서 자라는 식물들의 목록인 에티엔 피에르 방트나(Étienne Pierre Ventenat)의 《말메종 정원(Jardin de Malmaison)》에 수록되었다.

1860년대부터는 유리 케이스 안에 인조 비단이나 크레이프 천, 심지어 밀랍으로 만든 꽃을 넣어 장식하는 것이 유행하면서, 식물이 죽었는지 살았는지 잘 구별되지 않으며 매력적인 밀짚꽃속 식물에 대한 수요가 증가했다. 종종 두 개씩 짝을 지어 전시된 인조 식물 유리 케이스 장식은 빅토리아 시대의 음울한 박제에서 예술적으로 배열한 꽃까지 온갖 것을 보존해 보여주는 역할을 했다. 여기에 대해 1880년, 영국에서 태어난 미국인 종묘 상인 제임스 빅(James Vick, 1818~1882)은 다음과 같이 말했다. "영원히 변하지 않는 이 꽃들은 최근 전 세계 곳곳에서 많은 관심을 끌고 있다. (…) 훌륭한 꽃다발, 화환을 비롯해 멋진 겨울 장식품들 역시 관심의 대상이 된다."

신선한 꽃은 수명이 제한적인 데 비해 말린 밀짚꽃속 식물은 여러 해가 지나도 형태와 색깔을 모두 유지한다. 일단 말리면 수명이 무척 길어진다는 점이 이 식물에 불멸의 상징성을 부여했다. 호사스러운 유리 케이스 장식 중 몇몇은 가족에게 상속되었고 불운한 먼 친척이 이것을 물려받기도 했다. 밀짚꽃은 마치 '영원한 아름다움을 추구하며 늙기를 거부하는 직업적인 미인 같다'는 비난을 받았다. 가혹하지만 아마도 공정한 비판일 것이다.

59

꽃가루 매개자를 찾아서
유카

Yucca gloriosa

영국에서 유카가 처음으로 꽃을 피운 것은 1604년 에식스주 노스오켄던 스터버스에 있는 귀족 출신 식물학자 윌리엄 코이스(William Coys, 1560~1627)의 정원에서였다. 크림색을 띤 하얀 꽃들이 피라미드 모양 꽃차례를 이루며 높이가 1.8미터에 이르렀던 터라, 이 꽃은 엄청난 반향을 일으키며 글로리오사(*gloriosa*)라는 종명을 얻었다. 스터버스는 영국 국내외 식물학자와 정원사들이 자주 들르는 지역이 되었다. 플랑드르 출신 의사이자 원예가인 마티아스 드 로벨(Matthias de l'Obel, 1538~1616)도 유카의 꽃이 피는 동안 그 정원을 방문했다. 그리고 꽃을 보고 매우 감명을 받아 '가장 우아하고 고귀한 유카'라는 제목의 식물 삽화를 그렸다. 정원을 나선 뒤에는 코이스가 알려준 맥주와 에일 양조법에 대해서도 똑같이 열광하며 흥분했지만 말이다.

이 꽃은 코이스의 큰 업적이었디. 12년 전,《약초》의 저자 존 제라드는 엑서터에 사는 약제상인 토머스 에드워즈(Thomas Edwards)로부터 이 식물을 한 포기 받았다. 존 파킨슨에 따르면 에드워즈는 서인도 제도에서 최근에 돌아온 그의 하인 중 한 사람에게 그 식물을 얻었다고 한다. 하지만 제라드가 받은 식물은 그가 1597년에《약초》를 출간했을 때까지도 아직 꽃이 피지 않았다. 그 식물은 1612년 제라드가 사망한 이후 다른 정원으로 옮기려고 시도하던 중에 죽었다. 이후 파킨슨은 런던의 상인 존 드 프랑크빌(John De Franqueville)로부터 유카를 얻

었고, 귀한 식물을 취급하던 유명 플로리스트였던 그 상인은 프랑스 왕이 고용한 식물학자인 베스파지앵 로뱅(Vespasien Robin, 1550~1629)으로부터 식물을 받았다. 이 이야기의 반전이 있다면 베스파지앵은 프랑스에 최초로 도입된 이 식물이 원래 다름 아닌 제라드가 그의 아버지 장 로뱅(Jean Robin, 1550~1629)에게 준 것이었다는 사실을 나중에 확인했다고 한다.

파킨슨은 유카를 자세히 연구했고, 그 희귀성 때문에 이 식물을 소유하고 있는 사람은 다들 '자칫 뿌리가 다치거나 떨어질까 봐 전혀 자를 수가 없었다'는 사실을 알았다. 1629년에는 이 식물의 잎에서 나온 섬유로 일종의 천을 만들 수 있지만 그것이 너무 억세고 단단해 무언가 적당한 용도를 찾기 힘들다고도 기록했다. 이 식물의 토착 서식지에서도 원주민들이 샌들이나 바구니, 끈, 매트를 만들기 위해 그 잎 섬유를 사용하는 만큼, 이러한 파킨슨의 생각은 크게 빗나간 것이 아니었다. 또 원산지에서 '다틸'이라고 불리는 이 식물의 열매는 먹을 수 있었고, 뿌리에는 비누로 사용되는 사포닌이 함유되어 있었다. 하지만 머나먼 나라에서 영국에 유입된 많은 식물이 그랬듯, 유카는 순전히 장식적인 특성으로만 가치가 매겨질 운명이었다.

훨씬 더 긴급한 문제는 씨앗이었다. 파킨슨은 영국과 프랑스에서는 유카 꽃이 피었다가도 금세 떨어진다는 사실을 예리하게 알아챘다. 그래서 이 식

물은 항상 씨가 부족했는데 그 이유를 이해하는 데만 243년이 걸렸다. 1872년, 영국 태생으로 미국 미주리주에서 곤충학자로 일하던 찰스 밸런타인 라일리(Charles Valentine Riley, 1843~1895)는 유카가 야행성 나방에 의존해 수정한다는 사실을 관찰했다. 이 꽃이 해 질 녘이 가까워질수록 점점 일어나 옆으로 퍼져 강력한 향을 풍기는 이유도 바로 이것이었다. 유카나방(Tegeticula yuccasella)의 암컷은 오직 꽃이 피는 식물만을 활용해 알을 낳는다. 그리고 애벌레는 부화하는 과정에서 씨앗의 일부만 먹어서 앞으로 식물로 자라날 씨앗은 남는다. 씨앗 꼬투리가 열리기 직전에 분홍빛을 띤 애벌레는 땅속으로 파고들어 고치를 짓고 들어간 다음 나중에 성체 나방이 된다. 이렇게 사실상 유카와 꽃가루 매개자인 나방은 수천 년에 걸쳐 함께 진화해왔다.

유카만이 다른 곤충과 이러한 상호주의적인 관계를 맺는 것은 아니다. 예컨대 멕시코가 원산지인 난초과의 덩굴 식물 바닐라(Vanilla planifolia) 또한 멕시코에 서식하는 안쏘는벌속(Melipona)과 꿀벌아과(Euglossine) 벌을 통해서만 수분한다. 식물과 그들의 자연적인 꽃가루 매개자들 사이의 이러한 상호 의존성은, 식물을 지구 반대편으로 옮겨 가는 것이 자연의 취약한 균형 상태에 어떤 영향을 미칠 수 있는지를 보여준다.

오랫동안 유카는 스코틀랜드의 식물학자이자 정원 디자이너인 존 클로디어스 라우던 같은 이들에 의해 사랑을 받았다. 라우던은 이 식물을 큰 화분에 심으면 이탈리아식 시골 별장 분위기를 풍기는 만큼, 지중해산 뾰족한 용설란을 대체할 수 있으리라고 제안했다. 거트루드 지킬 역시 유카를 선호했던 원예가였다. 지킬은 자신의 정원 디자인 계획에서 질감의 극적인 대조 효과를 내기 위해 유카를 느낌표처럼 '방점을 찍는 식물'로 자주 활용했다.

거트루드 지킬

원예업계에서 영향력 있는 인물인 거트루드 지킬은 점진적으로 악화된 근시 때문에 그림을 비롯한 복잡한 공예에 대한 열정을 거두고 비교적 늦은 나이에 정원을 가꾸기 시작했다. 지킬은 식물의 색과 질감을 화가의 눈으로 바라보며 창의력을 한껏 활용해 정원을 디자인했다. 지킬은 이곳저곳을 널리 여행했고, 1863년부터는 영국과 유럽 전역의 야생에서 식물을 수집해 고객의 정원을 개선하고자 했다. 1889년에 지킬은 건축가 에드윈 루티언스(Edwin Lutyens, 1869~1944)와 동업자가 되었다. 이 둘은 원예업계의 드림팀이 되어 지킬이 영국과 미국, 유럽에 만들었던 400여 곳의 정원 가운데 약 100곳을 공동으로 작업했다. 지킬은 집과 정원, 식물의 관계가 어떠해야 하는지에 대해 계속해서 성찰하며 자신의 디자인을 향상시키고자 전통적인 예술과 공예를 활용하는 대단한 기획자였다. 그뿐만 아니라 열세 권의 책을 저술하고 당대의 주요 원예 잡지에 글을 기고했다.

젊음과 늙음의 공존
백일홍

Zinnia elegans

노란색이며 다소 평범한 겉모습을 한 야생종 백일홍 지니아 페루비아나(*Zinnia peruviana*)는, 아마도 1757년 해부학자이자 식물학자인 요한 고트프리트 친(Johann Gottfried Zinn, 1727~1759)이 원추천인국속(*Rudbeckia*)으로 잘못 분류했던 유럽 최초의 백일홍속(*Zinnia*) 식물일 것이다. 그러다 1759년에 린네는 친의 식물과 그가 1753년에 기술했던 이전 표본 사이의 유사성을 알아차렸는데 그 둘은 백일홍속의 같은 식물이었다. 앞서 친이 오해했다는 사실을 깨달은 린네는 그래도 식물학에 대한 그의 기여를 높이 사 그가 죽은 뒤에 이 식물의 속명을 루드베키아(*Rudbeckia*)에서 지니아(*Zinnia*)로 바꿨다.

1792년, 네덜란드의 과학자 니콜라우스 요제프 폰 야크퀸(Nickolaus Joseph von Jacquin, 1727~1817)은 스페인의 식물학자 마르틴 세세(Martín Sessé)와 호세 마리아노 모시뇨(José Mariano Mociño)가 멕시코의 틱스틀라 데 게레로의 야생에서 채집한 씨앗을 받았고, 그 씨앗에서 나온 식물이 바로 백일홍이었다. 이 식물은 나중에 부테 후작 부인 샬럿(Charlotte Marchoness, 1746~1800)가 영국에 소개했는데, 부인의 남편이 영국 대사로 있는 동안 마드리드 왕립 식물원의 카시미로 오르테가(Casimiro Ortega) 교수로부터 씨앗을 얻어 들여온 것이다.

백일홍은 매우 오랜 시간 동안 유행의 중심이 아닌 언저리에서 맴돌며, 사람들의 주목을 받기만을 기다리던 여러 꽃들 중 하나다. 19세기 내내 이 식물을 잡종 교배하고 선택하며 점점 더 다양한 색상을 가진, 보다 간결한 형태의 꽃을 생산하려는 노력이 있었다. 당시 빅토리아 시대에 유행하던 화단 디자인에서 이 꽃의 존재감은 엄청났다. 원예 작가인 셜리 히버드가 1861년에 이런 글을 남겼을 정도다. '새로 등장한 활짝 핀 지니아 엘레간스(*Zinnia elegans*)는 정말 엄청나며, 이 꽃이야말로 이번 계절에 화단의 유행을 이끌 선도자이다.'

미국 전역에서 영향력을 과시하던 식물 육종가였던 루서 버뱅크(Luther Burbank, 1849~1926) 역시 누구보다 인기를 끌 만한 백일홍속 식물을 개량해 내놓는 데 몇 년을 보냈다. 그리고 나중에 그가 사망하자 루이지애나주의 육종상 스타크 브라더스가 버뱅크의 식물에 대한 번식권을 가져갔고, 그동안 덜 유명했던 백일홍속 식물도 그 안에 포함되었다. 1927년에 나온 이 회사의 종자 목록을 보면 '스타크 지니아(Stark Zinnia)'라는 밝은색의 품종이 있다. 이 꽃들은 인기를 얻게 되었고 이제 대부분의 미국 정원에서 흔히 볼 수 있다.

아프리카계 미국인 민속 예술가 클레멘타인 헌터(Clementine Hunter, 1887~1988)가 형형색색의 꽃에서 엄청난 영감을 얻게 된 장소 역시 스타크 브라더스가 자리한 주 루이지애나였다. 헌터는 루이지애나주의 악명 높은 히든 힐 목화 농장에서 태어났는데, 그녀의 조부모는 이곳의 노예였고 부모는 소작농이었다. 이 농장은 1850년대에 한창 논란을

몰고 왔던 소설《톰 아저씨의 오두막》의 작가에게 영감을 주었다고 한다. 헌터 역시 그곳에서 목화를 따다가 이후에 예술가들을 위한 자유롭고 창조적인 도피처인 근처의 멜로즈 농장에서 가사 노동자로 일했다. 그러던 1939년, 이곳에서 빈 손님방을 청소하던 52세의 헌터는 방문 예술가들이 버리고 간 물감과 붓을 우연히 발견했다. 읽고 쓰는 법을 전혀 배우지 못했던 헌터는 이 재료로 그림을 그리기 시작했다. 그해에 헌터가 그린 최초의 작품은 몇 년 동안 자신이 줄곧 좋아했던 주제를 골판지에 그린 것으로, 제목은 '백일홍 꽃병'이었다.

헌터가 이렇게 예기치 않은 화가 경력을 시작하고 얼마간의 세월이 흘렀고, 헌터가 사는 곳에서 조금 떨어진 펜실베이니아주에서 백일홍을 집중적으로 잡종 교배하는 프로그램이 진행 중이었다. 백일홍에 대해 관심이 높아지면서 수 에이커의 땅에 걸쳐 이 꽃의 번식과 선택에만 집중하는 프로그램이 생긴 것이다. 사람들은 실험을 통해 상업적으로 성공할 품종을 찾고자 매년 여러 시도를 했다. 그 결과 달리아나 선인장 꽃이나 국화를 닮았거나 새의 깃을 닮은 다양한 백일홍이 눈에 띄는 색상으로 나왔다.

클레멘타인 헌터는 이런 백일홍들을 그리면서 이 꽃을 더욱 좋아하게 되었다. 헌터는 기억에 의존해서 그림을 그린 화가였고 대부분의 그림 주제가 농장에서 보낸 삶에 대한 기억들이었지만, 동시에 화려한 색을 자랑하는 백일홍의 꽃송이가 잔뜩 꽂힌 화병 또한 많이 그렸다. 하루 종일 일을 하

고 돌아온 헌터는 등유 램프의 도움을 받아 밤에 그림을 그렸다. 그렇게 인생의 후반기 동안 헌터는 5,000점 넘는 작품을 남겼다. 비록 문맹이었지만 헌터는 연습을 통해 글자를 그리다시피 해서 'C'와 'H'로 서명했다.

1956년, 헌터는 오늘날 뉴올리언스 미술관으로 이름이 바뀐 델가도 미술관에서 개인전을 연 최초의 아프리카계 미국인이 되었다. 하지만 막상 전시가 인종 분리주의가 실시되던 루이지애나의 한 거리에서 열렸기 때문에 헌터는 자신의 작품이 걸린 전시회장을 보기 위해 건물에 들어가는 것도 허용되지 않았다. 그럼에도 헌터의 작품은 계속해서 높은 평가를 받았고, 1980년대에는 대통령 지미 카터(Jimmy Carter)는 헌터를 백악관에 초청하기도 했다. 헌터는 워싱턴 D.C.에 가지 않았고 대통령의 초대에 다음과 같이 대한 답신했다. '카터 대통령이 내가 어디에 사는지 알고 있을 테니, 그분이 나를 방문하면 되겠죠!'

백일홍은 성숙한 꽃들이 아직 피어 있는 동안에도 어린싹들이 풍성하게 돋기 때문에 '젊음과 늙음(youth-and-age)'이라는 영어권 일반명이 붙었다. 이 꽃은 자기들의 '젊음'이 지나고 난 뒤에도 여러 주에 걸쳐 결코 지지 않는다. 생동감 넘치는 작품의 구성 속에서 젊음을 유지한 클레멘타인 헌터에게도 들어맞는다. 헌터는 자신의 예술적 유산과 불가분의 관계가 된, 아름다운 백일홍을 키우는 정원에 머무는 자기 모습을 즐겨 묘사했다.

그러다 헌터는 1988년 새해 첫날 101세를 일

기로 세상을 떠났다. 2013년에는 그녀의 삶을 그
린 극작가 로버트 윌슨(Robert Wilson)의 연극 작품
〈백일홍: 클레멘타인 헌터의 생애(Zinnias: The life of
Clementine Hunter)〉가 초연되었으며, 같은 해 헌터의
백일홍 그림 중 하나가 파리의 루브르 박물관에
전시되었다. 또 루이지애나주는 2019년 10월 1일
을 클레멘타인 헌터의 날로 정했다고 선언했다.

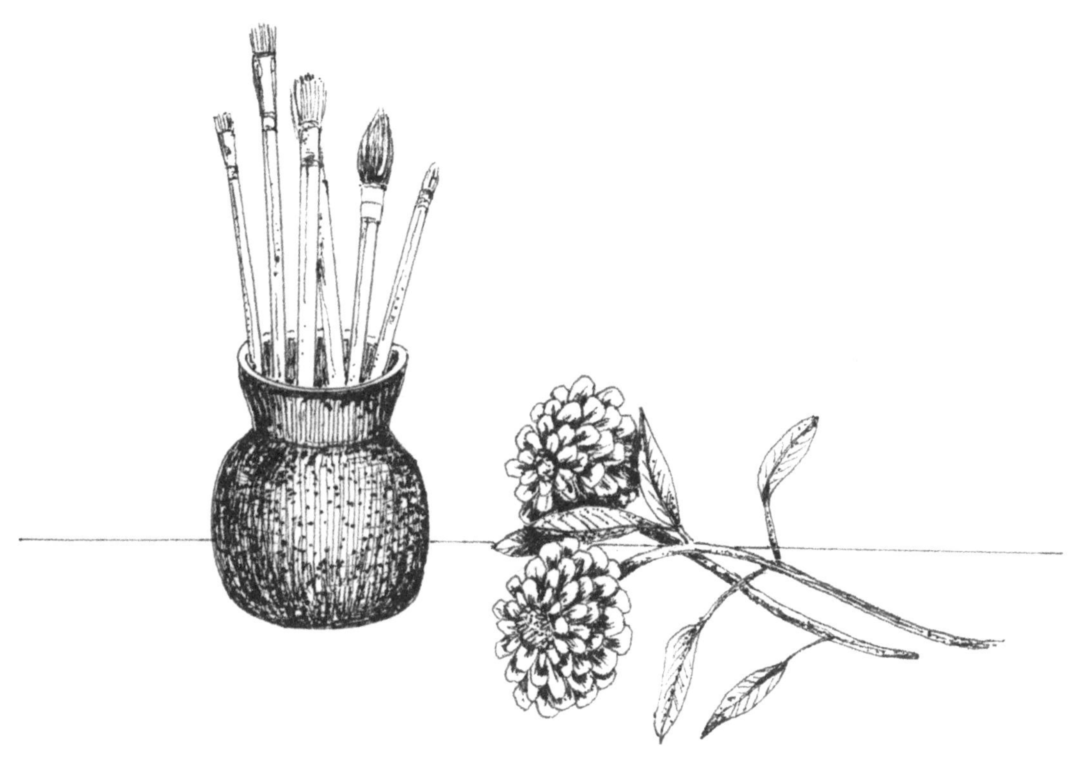

감사의 말

먼저 처음 이 책을 의뢰해 주신 쿼토 출판사, 특히 앨리스 그레이엄에게 진심으로 감사드린다. 당신의 예쁜 딸 사진을 본 뒤로 나는 당신이 출산 휴가로 자리를 비운 것을 완전히 용서했다. 당신이 상상했던 책이 바로 이 책이기만을 바랄 뿐이다. 또 나를 돌보는 임무를 맡은 멜리사 스미스에게, 당신의 침착하고 부드러운 감독과 일이 어려워졌을 때 보여준 변함없는 지지에도 감사하지만 무엇보다도 나에게 공감하고 안심시켜 준 데 특히 감사드린다. 그뿐 아니라 나는 이 책을 독자들에게 전달하는 데 도움을 준 디자인, 편집, 출판, 마케팅팀에게도 진심으로 고마움을 전하고 싶다.

또 정교한 식물 삽화로 이 책에 생기를 불어넣은 멋진 화가 세라 제인 험프리에게도 크나큰 경의를 표한다. 나는 정말 당신의 재능에 감탄할 수밖에 없다. 다이앤 바레는 관대하고 긍정적인 태도로 나에게 동기를 부여했고, 안드레아 벨로리는 이 분야의 전문성이 대단해 내가 그녀를 믿고 이 책의 집필 의뢰를 승낙할 수 있었다. 다들 감사한다. 그뿐만 아니라 내가 식물의 역사에 관심을 갖게 한 작가이자 원예사학자 앨리스 코츠(1905~1978)에게도 감사를 전하고 싶다.

처음부터 멋진 치어리더였던 내 딸 틸리가 가진 무한한 열정은 나에게도 전해져서 힘을 주었다. 그 밖에 나에게 위로와 격려를 해준 가족과 친구들 모두에게도 사랑을 전한다.

특히 친절과 인내, 요리 실력을 갖추고 무조건적인 애정을 보내준 남편 폴에게 감사한다.

우리 주변의 꽃들은 제각기 역사를 품고 있다. 인류가 식물을 가꾸고 재배한 이래로 오랜 세월이 지난 만큼 꽃에는 온갖 사연과 뒷이야기가 존재한다. 저자는 이런 정원과 식물에 담긴 이야기를 연구하는 역사가다. 꽃을 피우는 식물이 어떻게 전 세계 곳곳에서 재배되었는지, 서아시아에서 키우던 꽃들이 언제 유럽에 들어왔는지, 서양 세계의 정원에 어떻게 자리를 잡게 되었는지에 대한 흥미로운 이야기가 펼쳐진다.

이 책을 골라 든 독자들 가운데는 식물과 꽃에 해박한 분도 있겠지만 잘 몰라서 알아가고 싶은 분들, 역사 이야기에 좀 더 관심이 있는 분도 계실 것이다. 저자는 원산지에서 식물을 들여온 과학자나 통치자들, 육종가나 원예사, 잡종 재배자들의 이야기, 이들의 손을 거쳐 식물의 이름이 어떻게 바뀌었는지에 대한 이야기를 들려주지만, 학문적이고 전문적인 설명을 하는 것은 아니다. 이런 정보는 식물도감이라든지 다른 과학책을 찾아보면 된다. 대신 저자는 주변의 묘목상이나 꽃집, 정원에서 찾아볼 수 있는 식물을 주인공으로 등장시킨다. 우리가 일상에서 마주칠 법한 꽃들의 기원과 유래를 소개하고 독자들이 꽃과 더 가까워지기를 바라는 마음에서일 것이다.

이 책에 나오는 식물은 유럽(주로 영국)이나 아메리카 대륙 등지에 서식한다고 하지만 하나하나 찾아보면 거의 우리나라의 화훼상이나 원예업체에서도 유통되는 종들이다. 아네모네, 금어초, 코스모스, 패랭이꽃, 금낭화, 스위트피, 루피너스, 스토크, 니겔라, 라일락, 백일홍 등이 그렇다. 이런 꽃들에 얽힌 소소한 이야기들은 꽤 재미있다.

예컨대 금어초는 꽃의 모양이 독특하게 생겨 예전부터 주술과 연관되었으며 이걸 지니고 다니는 사람에게 카리스마를 준다고 여겨졌다고 한다. 패션 디자이너인 크리스티앙 디오르는 은방울꽃을 좋아해 자신의 디자인에 등장시켰으며 은방울꽃을 행운의 꽃이라고 여겨 '하우스 오브 디오르'라는 상품 라인의 상징으로 만들었다. 19세기부터 영국에서는 스노드롭이라는 식물을 열광적으로 채집하고 재배하는 마니아층이 생겨서 '스노드롭 오찬 모임'을 연다고 한다(그리고 희귀한 스노드롭 표본의 가격은 엄청나게 비싸다). 헬리오트로피움은 영국 빅토리아 시대 남편을 잃은 여성들이 애도의 마지막 단계에서 입는 보랏빛 색상과 연관되어 헌신, 애착이라는 꽃말을 얻었고 이 시기에 큰 인기를 얻었다. 역시 보랏빛을 띠지만 푸른색이 진한 독일붓꽃은 수도원 정원에서 널리 재배되어 '아이리스 그린' 같은 유기 안료의 재료가 되었으며 15세기에서 17세기까지 출판물의 삽화를 채색하는 데 쓰였다. 금낭화는 생김새가 장밋빛 하트가 줄지어 매달린 듯하다는 이유로 19세기 영국인들의 마음에 쏙 들었고 영원한 사랑의 상징이 되었다.

한편 지중해가 원산지인 스위트피는 온갖 다양한 방식으로 교배되어 다양한 색깔과 무늬를 띠게 되었으며, 그에 따라 미국에서 이 식물의 수요가 생기자 19~20세기 이 나라에 갓 도착한 일본계 이민자들의 생계 수단으로 재배되었다(애리조나주 피닉스에 이들 일본계 가문의 화훼 농원이 있었다고 한다). 오늘날 우리들에게 무척이나 익숙한 라벤더는 르네상스와 중세 유럽에서 리넨 천을 세탁하는 데 쓰였으며(세탁물을 라벤더 덤불에 올려서 말렸다) 빅토리아 여왕이 이 식물을 좋아한다는 사실이 알려지면서 영국에서 급속하게 큰 인기를 얻었다. 분꽃은 원래 중앙아메리카와 남아메리카에서 재배되었는데(오늘날 고대 유적의 틈바구니에서도 이 꽃을 발견할 수 있다고 한다), 하룻밤 동안 피었다 지며 다음 날 오후 4시쯤 새로 꽃이 피는 신기한 특성을 가졌다. 개박하는 정원에서 키우면 휘발성 기름 성분 때문에 고양이들을 맹렬하게 끌어들인다. 니겔라는 화가이자 작가인 동시에 육종가였던 거트루드 지킬이 정원 다른 식물들의 빈 곳을 채우는 '필러 식물'로 이 꽃을 발굴하면서부터 사람들에게 알려졌으며 이후로 꾸준한 애호층이 생겨났다. 목서초는 나폴레옹의 아내 조제핀(서인도제도 출신이며 식물학 지식이 뛰어났고 대단한 장미 애호가였다)에 의해 프랑스 사교계에 유행했고 영국을 비롯한 유럽 전역에 퍼졌다. 천수국이라고도 불리는 아프리칸메리골드는 멕시코에서 죽은 자를 기리는 의식에 사용되었던 꽃이다. 17세기에 이른바 '튤립 파동'을 불러일으켰던 튤립 구근 이야기도 정말 유명하다.

원추리나 개나리, 모란, 금낭화처럼 아시아권에서 흔한 꽃들에 대해 서구권 저자가 설명하는 방식도 신선하다. 원추리나 모란은 중국이 원산지라고 한다. 먼 땅에서 자라던 식물을 유럽에 들여오기 위한 식물학자, 정원사, 육종업자들의 집념과 노력은 붓두껍에 목화씨를 숨겨 고려에 들여왔다는 문익점의 일화를 떠올리게도 한다(사실 당시 목화씨는 금지 품목이 아니었기에 이 이야기는 과장되었을 가능성이 높다지만). 이처럼 이 책에는 열정 어린 식물 수집가와 육종가들, 식물 애호가였던 역사적 인물들이 많이 등장한다. 존 파킨슨, 거트루드 지킬, 잔 바레, 리처드 로스 선장, 윌리엄 로빈슨, 엘런 윌모트, 앙투안 몽브레, 존 제라드, 제임스 셜리 히버드, 칼 폰 린네, 비타 색빌웨스트, 데이비드 더글러스, 레지널드 파러, 토머스 드러먼드, 조제핀 황후, 존 이스텀린, 매리언 더들리 크랜, 토머스 너털이 그들이다.

설령 이 책의 식물들 가운데 우리나라 독자들이 쉽게 접하기 어려운 종이 있다고 해도 관심을 갖다 보면 전국 식물원이나 수목원에서 찾아볼 수 있다. 몇 년 전 제주 한림공원에서는 열대분재원, 아열대식물원에서 '남미의 꽃' 부겐빌레아 축제를 열었다고 한다. 경기 율곡수목원이나 충남 세종수목원에서는 유카가 있다. 나머지 식물들도 식물원에 있거나, 꽃집, 농원, 정원이나 산과 들에 있다. 쉽게 보기 힘들다는 종들도 어쩌면 여러분이 다른 나라로 여행을 갔을 때 우연히 조우하게 될지도 모르겠다.

이 책의 식물들을 직접 정원에 가꾸는 분들도 많을 것이다. 식물을 손수 키우든, 그렇지 않든 이 책이 여러분에게 정원 식물의 역사와 원예가, 식물학자들의 숨은 이야기로 떠나는 흥미진진한 여행길 동반자가 되기를 바란다.

김아림

찾아보기

옮긴이 **김아림**

서울대학교에서 생물학을 공부하고 동대학원 과학사 및 과학철학 협동과정에서 석사 학위를 받았다. 출판사에서 책을 만들다 지금은 번역 에이전시 엔터스코리아에서 번역가로 활동 중이다. 주요 역서로는 《RNA의 역사》, 《이데올로기 브레인》, 《꽃의 마음 사전: 가장 향기로운 속삭임의 세계》, 《꽃은 알고 있다: 꽃가루로 진실을 밝히는 여성 식물학자의 사건 일지》 등 다수가 있다

꽃의 시간

BBC 정원 역사가가 들려주는 꽃의 사연과 세밀화

초판 1쇄 발행 2026년 4월 2일

글 애드볼리 리치먼드
그림 세라 제인 험프리
옮김 김아림

펴낸이 김정희
편집 scriptorium
디자인 강경신디자인

펴낸곳 노르웨이숲
출판신고 2021년 9월 3일 제 2022-000108호
주소 서울시 마포구 신촌로2길 19, 302호
블로그 blog.naver.com/norway12345
이메일 norway12345@naver.com
인스타그램 @norw.egian_book

ISBN 979-11-93865-22-4(03900)

₩ 27,000

ISBN 979-11-93865-22-4   03900